Klaus Richarz

Natur rund ums Haus

Tiere im Garten
kennenlernen und erleben

KOSMOS

Meinen Kindern Elise und Merlin
und dem Andenken an meine Eltern gewidmet.

Der Autor
Dr. Klaus Richarz (geb. 1948) ist seit langem im Naturschutz aktiv. Schon von Kindesbeinen an von Tieren und ihrer Umwelt fasziniert, studierte er Biologie und Chemie. Mehrere Jahre war der promovierte Biologe als Artenschutzreferent und schließlich als Sachgebietsleiter für den Regierungsbezirk Oberbayern tätig. Seit 1991 leitet Dr. Richarz die Staatliche Vogelschutzwarte für Hessen, Rheinland-Pfalz und Saarland – Institut für angewandte Vogelkunde – in Frankfurt. Darüber hinaus engagiert er sich auch ehrenamtlich für den Naturschutz und hat sich als Autor zahlreicher Bücher und Zeitschriftenbeiträge einen Namen gemacht. Um Naturschutzinhalte weiterzuvermitteln, hält er viele Vorträge und nimmt Lehraufträge an Universitäten wahr.

Bildnachweis
Farbfotos von H. Bellmann (S. 9 uM, 25 Mr, 36, 37 or, ul, uM, 45 u, 49 ul, 51 u, 59 o, 61 Mr, 63 ul, 68 l, 69 o, M, 72 o, 73 ol, 75 ul, uM, 86 o, 93 ol, oM, ul, 94 u, 107 M, 122), M. Danegger (S. 21 oM, 29 ur, 48 o, 56, 75 o, 89 o, 107 ur, 112, 113 ur, 115 ol, 120 o, 121 o, 127 or, 132), J. Diedrich (S. 28 u, 29 Mr, 35 ol, 67 u, 103 u, 121 u, 129 or, 137 l), M. Dietz (S. 10 u), E. Elfner/Angermayer (S. 109 u), M. Gloger/NABU (S. 3), R. Groß (S. 8 u, 13 u, 14 ul, 16 o, u, 19 l, 21 ol, or, ur, 22 o, M, u, 23 l, r, 27 ul, ur, 28 o, 29 o, 35 ul, 44 u, 47 ul, ur, 48 u, 85 o, 87, 88 Mr, ul, 89 u, 101 ol, 109 o, 110 ol, or, 114, 117 ur, 126 r, 130 l, u, 133 ol, 134 l, r, 135 ol, Mr, 137 ur, 138, 139 ol, 156), H. E. Laux (S. 15 ur), A. Limbrunner (S. 1 l, or, 4 Ml, u, 5 ul, 8 o, 12/13, 14 o, 17 o, 21 ul, 25 u, 34, 35 ol, ur, 39 or, 40 o, M, 41 ol, u, 43 u, 45 or, 47 o, 49 o, 50 o, u, 53 u, 55 ul, 58 l, 60 r, 61 l, u, 63 o, 67 or, M, 68 or, 77 Mr, 80, 81 l, Mr, ur, 88 ol, ur, 91 uM, ur, 95 ol, 96 r, 98 o, 101 Ml, u, 104 o, 105 ul, ur, 113 ol, 116, 117 oM, or, 119 ul, ur, 120 ur, 127 ol, 128, 129 Mr, ur, 131 ol, 136, 139 or, Mr, 141 u, 142 o, 143 ul, 144, 145 ol, oM, ul, r), H. Limbrunner (S. 65 o, 123 ul, 142 l), B. Ludwig (S. 27 or, 82, 83 ol, or, ul, uM, ur, 107 or, Mr, 110 u, 119 o, M), T. Marktanner (S. 19 or, 30 u, 44 Mr, 57 o, 62, 65 Mr, ul, 70 o, M, 71 r, 72 u, 76 u, 77 o, 78 u, 97 u, 107 oM), D. Nill (S. 9 ul, 14 Mr, 26, 31 o, 33 ol, u, 39 ur, 45 ol, 55 ur, 70 ur, 74, 75 ur, 78 o, 79 o, ul, ur, 84 r, 93 or, 100, 101 Mr, 104 u, 113 or, 115 ul, 123 or, 127 u, 131 or, Ml, 133 u, 137 oM, or, 139 ur), H. Pfletschinger/Angermayer (S. 4 o, 9 Mr, 17 ur, 24 ol, or, u, 25 u, 31 M, u, 32 o, u, 39 ul, 40 u, 41 or, 49 Mr, ur, 51 or, ol, 53 ol, 57 or, Mr, 58 u, 59 Mr, ur, 64, 65 Ml, 66, 67 ol, 70 u, 73 u, 86 ul, ur, 90, 91 or, ul, 92, 93 u, 94 l, 95 or, Mr, 96 l, 97 o, 140 u), E. Pforr (S. 107 ul, 125 u), M. Pforr (S. 1 ur, 5 ur, 11 u, 15 ul, 17 ol, 18 o, 19 ur, 30 or, 32 Ml, 33 or, 37 ur, 38, 53 M, 54, 55 ol, 55 uM, 57 u, 60 l, 63 or, 69 ul, 71 l, 95 u, 99 Mr, 105 or, 107 ol, 108 o, 111 ul, ur, 118, 131 Mr, u, 133 or, 140 o, 141 o, 143 ur), H. Reinhard (S. 7 ul, ur, 25 o, 29 ul, 30 ol, 39 ol, 42/43, 46, 55 or, 68 ur, 91 ol, 102/103, 105 ol, 113 ul, 123 ol, ur, 124/125, 135 or, 139 ul), U. Schneiders (S. 11 o), G. Steinbach (S. 27 ol), J. Vogt (S. 4 Mr, 6, 9 ur, 20, 52, 73 or, 85 ul, ur, 99 u, 113 uM, 115 or, 120 ul, 123 oM, 126 l, 135 u), G. Wendl/Angermayer (S. 99 o, 108 u, 129 ol, ul), P. Zeininger (S. 5 o, 9 ol, or, 18 u, 35 oM, 53 or, 76 o, 77 ul, 98 o, 106, 115 ur, 117 ol, ul), W. Zepf (S. 10 o, 15 o, 44 o, 65 ur, 69 ur, 72 M, 84 l, 143 or), G. Ziesler/Angermayer (S. 93 uM). **Illustrationen** von Marianne Golte-Bechtle (S. 36, 52, 54, 56, 71, 74, 80, 81, 87, 89, 111, 123, 133, 149, 152, 153) und Johannes-Christian Rost (S. 146-148, 150/151).

Mit 385 Fotos, 11 Farb- und 27 Schwarzweiß-Illustrationen

Umschlaggestaltung von eStudio Calamar unter Verwendung von 4 Farbfotos von Frank Hecker.
Vorderseite: Zitronenfalter (Gonepteryx rhamni); Rückseite: Eichhörnchen (Sciurus vulgaris), Wasserfrosch (Rana esculenta) und Männchen des Gartenrotschwanzes (Phoenicurus phoenicurus)

Unser gesamtes lieferbares Programm und viele weitere Informationen zu unseren Büchern, Spielen, Experimentierkästen, DVDs, Autoren und Aktivitäten finden Sie unter **www.kosmos.de**

4. Auflage
© 2010 Franckh-Kosmos Verlags-GmbH & Co.KG, Stuttgart
Alle Rechte vorbehalten
ISBN: 978-3-440-11940-2
Projektleitung der Neuausgabe: Dr. Stefan Raps
Lektorat: Anne-Kathrin Janetzky, Angelika Holdau
Produktion: Ralf Paucke, Lilo Pabel, Markus Schärtlein
Printed in Czech Republic / Imprimé en République tchèque

VORWORT

Ruhe vom Alltag, ein buntes Blütenmeer und eine lebendige Tierwelt – danach sehnen sich heute viele Menschen und glauben nicht selten, Entspannung und Naturerlebnis nur im Urlaub finden zu können. Dabei kann dieser Traum schon morgen direkt vor Ihrer Haustür beginnen: in Ihrem Garten, in Ihrem Innenhof, sogar auf Ihrer Terrasse. Wer einheimische Pflanzen wie Holunder, Sanddorn und Königskerze anpflanzt, wird nicht lange auf Untermieter warten müssen, die Nahrung und Unterschlupf suchen. Natur gibt es auch in unserer unmittelbaren Umgebung und wir können einiges dafür tun, sie zu fördern.

Genau darum geht es dem Naturschutzbund NABU bei seiner Kampagne „Nachbar Natur. Ökologische Konzepte für Städte und Dörfer". Der NABU – mit über 460.000 Mitgliedern und Förderern einer der größten Umweltverbände Deutschlands – möchte dazu beitragen, daß unsere Lebensräume wieder lebenswerter werden. Die naturnahe Gestaltung privater und öffentlicher Grünflächen spielt dabei eine wichtige Rolle, der schonende Umgang mit den Ressourcen Wasser, Energie und Boden ist ein weiteres wichtiges Thema der Kampagne „Nachbar Natur".

Denn Handeln tut Not: Landschaften, die mit Verkehrs- und Siedlungsflächen durchzogen sind, gehören zu den Hauptursachen für den anhaltenden Artenschwund. Versiegelte Böden können ihren natürlichen Funktionen nicht mehr nachkommen. Hochwasser, biologische Verarmung und ungünstige Veränderungen im Kleinklima sind die Folgen. Es fehlt an naturnahen Grünflächen in den Städten und Siedlungen und größeren, unzerschnittenen Naturflächen im Umland. Weil es so nicht weitergeht, wendet der NABU sich mit „Nachbar Natur" an Politiker, Fachleute, aber auch an jeden einzelnen. Unterstützen Sie uns dabei und werden Sie als NABU-Mitglied aktiv für Mensch und Natur.

Daß es eine Lust ist aktiv zu werden, zeigt dieses Buch: Es entführt Sie in den heimischen Dschungel direkt vor der Haustür. Auf Ihren Streifzügen durch die Natur vor der Haustür werden Sie elegante Jäger, winzige Hausbesetzer und geheimnisvolle Fraßspuren entdecken. Daß es immer mehr werden können, haben Sie selbst in der Hand.

Ihr

Jochen Flasbarth
NABU-Präsident

INHALT

Kleine Gartengeschichte 6
Klassische „Gartentiere" 8
Vom Ziergarten zum Erlebnisraum 10

FRÜHLING

Streifzüge durch den Garten im Frühling 14
Auf Brautschau und Männerfang 16
Die Amsel - auf jedem Rasen zu Hause 20
Aus Gärten werden „Kindergärten" 22
Nesträuber - immer auf der Lauer 26
Jedem Gärtner seine Meise(n) 28
Leben von und an Pflanzen 30
Kaninchen - putzige Plagegeister 34
Florfliegen - aus Löwen werden Elfen 36
Leben im Untergrund 38
Die Kumpel vom Untertagebau 40

Teichfrosch-Paar

Rotbeinige Baumwanze

SOMMER

Streifzüge durch den sommerlichen Garten 44
Treffpunkt Gartenteich 46
Zwei feuchte Gesellen 52
Sonnenhungrige und Schattensuchende 54
Stammplatz auf dem „heißen Stein" 56
Blüten und ihre Besucher 58
Täuschen, tarnen, warnen 64
Hornissen – ein Volk macht Staat 66
Schmetterlinge – Wesen mit zwei Seelen 68
Stationen eines Falterlebens 72
Garten bei Nacht 74
Zwergfledermäuse – winzige Hausbesetzer 80
Vom Freibeuter zum Autoknacker 82
Nutznießer von Haus und Garten 84
Elegante Jäger der Lüfte 88
Ein Pflanzenkleid fürs Haus 90
Mit großen Sprüngen hoch hinaus 92
Staatengründer und Einzelgänger 94
Obstbäume im Garten 98

Trockenmauer im Garten

C-Falter

HERBST

Streifzüge durch den herbstlichen Garten	104
Farben der Saison	106
Hecken – Leben im Grenzbezirk	108
Igel – unbekümmerte Stachelritter	112
Früchteliebhaber und Samenverzehrer	114
Ein Star kommt selten allein	116
Eifrige Vorratssammler	118
Haselmaus & Co. – die munteren Schläfer	122

Junge Siebenschläfer

WINTER

Streifzüge durch den winterlichen Garten	126
Geheimnisvolle Fraßspuren	128
Dauergäste und Besucher	130
Stelldichein am Futterplatz	134
Der Sperber – Jäger mit Kalkül	136
Nahrungsquellen und Verstecke	138
Strategien für den Winter	140
Mäuse – flinke Wühler und Turner	144

Sperber

Tips für die Praxis	146
Der tierfreundliche Garten	150
Welches Tier hält sich wann und wo auf?	152
Arbeitskalender für Garten und Gebäude	153
Literatur, Adressen	154
Register	155

Spuren am winterlichen Gartenteich

Kleine Gartengeschichte

Unser Garten blickt auf eine jahrtausendealte Geschichte zurück. Seine Entstehung läßt sich bis in die Zeit zurückverfolgen, als unsere Ururahnen seßhaft wurden, um Ackerbau und Viehzucht zu betreiben. Bei den Germanen waren Wälder, Wiesen und Felder Allgemeingut und wurden gemeinsam bewirtschaftet. Nur das Stück Land, das sie selber absteckten und einzäunten, wurde ihr persönlicher Besitz.

Zäune schützten schon in früher Zeit das Ackerland vor Tierfraß (Holzschnitt um 1500).

Zaun als Schutz

Der Begriff „Garten" leitet sich vom indogermanischen „ghortos" ab, das soviel bedeutet wie „das Eingefaßte" oder „das Umfaßte". Zum Wesen des Gartens gehörte also von jeher ein Zaun. Dieser umgrenzte Bezirk galt bei den Germanen als heilig und unverletzbar. Unbefugtes Betreten war strengstens untersagt; wer Pfeile oder andere Wurfgeschosse in den Garten abfeuerte, mußte mit einer harten Strafe rechnen.

Der Zaun schützte Haus und Garten nicht nur vor Dieben und Feinden, er wehrte auch wilde Tiere ab. Darüber hinaus hielt er nachts das Vieh zusammen, das jeden Abend von der Weide heimwärts getrieben wurde. Und wie so oft, wurde auch die Idee des „Gartens" durch einen puren Zufall geboren: Die nächtlichen Hinterlassenschaften des Viehs düngten den Boden und machten ihn fruchtbarer als das übrige Land, das die Germanen bestellten. Einige unserer Vorfahren waren besonders einfallsreich: Sie zäunten einen Teil ihres Grundstücks extra ein, um das Vieh davon fernzuhalten. Von nun an konnten sie bequem und gefahrlos direkt vor der Haustür Pflanzen anbauen.

Schlichtes Nutzland ohne Zier

Die ersten Bauerngärten waren sicherlich reines Nutzland. Hier wuchsen Pflanzen, die ausschließlich der Ernährung oder auch der

Rosen haben als Nutz- und Zierpflanzen eine lange Gartentradition.

Behandlung von Krankheiten dienten. Um sich an Zierpflanzen zu erfreuen, hatten die Menschen in diesen harten Zeiten wohl kaum die Muße. Die Palette an Obst und Gemüse war breit, wie Zeugnisse des damaligen Pflanzenanbaus – etwa die Pfahlbauten am Bodensee – belegen: Sie reichte von Äpfeln über Linsen, Erbsen, Saubohnen, Möhren, Rüben, Feldsalat, Pastinak, Kohl, Ampfer, Wegwarte, Guter Heinrich, Wegerich, Brennessel bis hin zu Kümmel, Petersilie und Mohn. Die vordringenden römischen Legionen allerdings waren von der germanischen Gartenkultur nicht sonderlich beeindruckt. Tacitus rümpfte über den Gartenbau der Germanen die Nase: 98 n. Chr. stellte er in seiner „Germanica" fest, daß sie nicht einmal „Obstgärten anlegen, Wiesen abgrenzen und Gärten bewässern", sondern einzig Getreide anbauen.

Neue Impulse

Von den Römern konnten die Germanen einiges lernen. Die Invasoren brachten etliche neue Gartenpflanzen mit ins kalte und (wald)dunkle Germanien, darunter viele Gewürzpflanzen und hochwertige Obstsorten. Wo Römer ihre Gärten anlegten, blühten auch bunte Blumen wie Rosen, Lilien, Goldlack und Levkojen. Die Pflanzenvielfalt verschwand jedoch bald nach dem Zerfall des Römischen Reiches wieder. Sie sollte erst auf dem Umweg über kaiserliche Gärten, Burg- und Klostergärten wieder bei uns aufkommen.

Die heutigen Bauerngärten sind ein Stück lebendiges Kulturgut. Was wir an ihnen so lieben, ist die Mischung aus Nutz- und Zierpflanzen in einem oft wildromantischen Durcheinander.

Der typische Klostergarten war symmetrisch angelegt, Blumen- und Kräuterbeete waren von Buchsbaumhecken eingefaßt.

Bauerngärten greifen viele Ideen der Klostergärten auf, nur bunter und lebendiger.

Klassische „Gartentiere"

Trotz einer schier unerschöpflichen Vielfalt verschiedener Grundstücksbegrenzungen – ob Flechtzaun, Lattenzaun, Jägerzaun, Natursteinmauer oder Gitter – hielten Wildtiere schon früh Einzug in unsere Gärten. Um ihrer engen Bindung an unser „grünes Reich" Ausdruck zu verleihen, gab man einigen von ihnen „Gartennamen". Auch wenn diese Tiere nicht einmal immer die häufigsten und regelmäßigsten Bewohner oder Besucher unseres Gartens sind, rechnen wir sie doch schon fast zum festen „Inventar".

Die Gartenbänderschnecke hat sehr variable Gehäuse.

„Nachtschwärmer" im Garten

Einige der insgesamt 26 in Europa beheimateten Insektenfresser-Arten – dazu zählen die Igel, Maulwürfe und Spitzmäuse – kommen auch in unseren Garten, etwa die Gartenspitzmaus. Sie gehört zu den Weißzahnspitzmäusen. Am Abend und in der Nacht geht sie auf Insektenjagd, soll aber auch Getreide nicht verschmähen. Im Winter suchen Gartenspitzmäuse gerne in Gebäuden Unterschlupf. Wenn Muttertiere gestört werden, können sie mit ihrer reichen Kinderschar als „Karawane" flüchten. Die bis zu zehn Jungen verbeißen sich dann hintereinander jeweils in die Schwanzspitze des vorderen Tieres und gehen, mit der Mutter als „Lokomotive", auf diese Weise nicht verloren.

Die Familie der Bilche ist in Europa mit insgesamt fünf Arten vertreten. Eine davon ist der Gartenschläfer. Mit seiner Gesichtsmaske à la Panzerknacker würde er sehr auffallen, wenn er nicht nachtaktiv und zudem noch ein ausgesprochener Winterschläfer wäre. Manchmal nistet der Nager auch in Vogelnistkästen oder Zwischendecken von Gebäuden. Das laute Grunzen, Keckern und Pfeifen zur Paarungszeit ist dann nicht zu überhören.

„Gartenvögel" und andere Tierchen

Vor allem den garten- und vogelbegeisterten Engländern ist der Begriff „gardenbirds" geläufig. Immerhin drei Arten aus der Familie der Singvögel hören auf einen „offiziellen" deutschen „Gartennamen": der Gartenbaumläufer, die Gartengrasmücke und der Gartenrotschwanz. Der Gartenbaumläufer huscht an Baumstämmen entlang und sucht mit seinem langen, gebogenen Schnabel selbst in kleinsten Ritzen nach Insekten. Die versteckt lebende, eher unscheinbare Gartengrasmücke bemerken wir oft nur, wenn sie singt. Der Gartenrotschwanz ist mit der Abnahme der Obstbaumbestände vielerorts selten geworden. Die Männchen unterscheiden sich von denen des Hausrotschwanzes durch ihre rostrote Brust und die weiße Stirn.

Die Palette der kleinen „Gartentiere" reicht von der Gartenschnirkelschnecke über die Gartenhummel, die Gartenkreuzspinne, den Gartenlaufkäfer und den Gartenlaubkäfer bis hin zur Gartenameise. Darüber hinaus gibt es eine Vielzahl von Insekten, die nach Kulturpflanzen benannt sind.

Gartenbaumläufer sind gewandte Kletterer.

Gartenschläfer kommen gelegentlich in Obst- und Weinbaugebieten vor.

Gartenspitzmaus: gern im menschlichen Umfeld

Die Gartenkreuzspinne – in Gärten häufig

Gartenrotschwanz-Männchen

Gartenlaubkäfer

Kulturfolger Gartenhummel

Vom Ziergarten zum Erlebnisraum

Gärten wurden im Laufe ihrer Geschichte ganz unterschiedlich genutzt, angefangen bei den ersten Bauerngärten über Burg- und Klostergärten bis hin zu Kräuter-, Apotheker- und Obstgärten. Je nach ihrer Lage am Haus oder am Siedlungsrand unterschied man zwischen Haus- und Feldgärten. Noch heute weisen alte Flurbezeichnungen in vielen Gemeinden auf ehemaliges Gartenland hin. „In den Gärten" oder „Bangegarten" (Baumgarten) sowie „Beune" (althochdeutsch „buint": eingezäunt oder gebunden) sind gängige Bezeichnungen.

Sehnsucht nach Naturnähe

In unserer Zeit sind noch etliche Gartentypen neu hinzugekommen, z. B. Ziergärten, Dach- und Wassergärten, die oft nach einem festen Plan angelegt werden. Aber auch Naturgärten erfreuen sich großer Beliebtheit. Jahrtausendelang versuchte man, die Wildnis aus dem Garten zu verbannen, im Naturgarten dagegen wird sie zum bestimmenden Element. Für viele Stadtmenschen ist der Naturgarten eine grüne Oase inmitten unserer Kulturlandschaft.

Vorbild für Naturgärten sind die natürlichen Lebensgemeinschaften der Feuchtgebiete, Waldränder, Hecken, Magerrasen oder Feldweiden mit ihrer Vielfalt und Artenfülle. Zwar können Naturgärten intakte Landschaften nicht ersetzen, denn wir werden immer nur eine begrenzte Anzahl von Tieren in unserem Garten ansiedeln können. Dennoch sind wir in der Lage, die „Wohnungsnot", in die viele Tiere inzwischen geraten sind, zumindest zu lindern. Es gibt Millionen von Gärten. Einschließlich aller Grünanlagen nehmen sie zusammen eine Fläche ein, die größer ist als alle Naturschutzgebiete. Über 700 Käferarten, rund 260 Wildbienenarten, 100 verschiedene Vogelarten, mehr als 60 Spinnenarten, wenigstens 24 Libellenarten, 21 Tagfalterarten sowie einige Säuger, Reptilien und Amphibien könnten hier ein Zuhause finden.

Doch kann diese Fläche von den meisten Tierarten nicht genutzt werden, weil die Mehrzahl unserer Gärten ihnen weder Nahrung noch Unterschlupf bietet. Aus belebten Nutzgärten machten wir ordentliche Ziergärten mit Nadelbäumen, exotischen Blumen und Sträuchern und grünem Einheitsrasen.

„Grün kaputt"

Keine zweite Dokumentation zeigte die „Sünden", die wir an unserer Landschaft und unseren Gärten begangen haben, so deutlich und eindrucksvoll wie 1983 die Foto-Ausstellung „Grün kaputt" im Münchener Stadtmuseum. Im Begleitbuch ist folgender Absatz mit dem Titel „Koniferenland" überschrieben: „Wir haben die Natur im Griff. Im Clinch der 1000 Gifte und Maschinen. Es gibt kein Hindernis und keine Hemmung mehr. Noch nie gab es so viele Grundbesitzer in diesem Land. Und so viele Hobbygärtner. Noch nie gab es so viele Garten-Center und soviel Umsatz. Und noch nie gab es so viele Bücher über Pflanzen und so viele Kataloge. So viele Tips.

Kurze Wespenschwebfliege – als Wespe getarnt

Wo Nadelbäume und kurzer Einheitsrasen dominieren, stellen sich kaum Tiere ein.

Bauerngarten: Von seiner Vielfalt an Nutz- und Zierpflanzen profitieren Mensch und Tier.

Eine bunte Blumenwiese im Garten bietet vielen Tierarten Lebensraum.

So viele Maschinen. Und noch nie gab es so trostlose, so kahle und so dürftige, so unfruchtbare Gärten. Alles vom Teuersten. Und immer gleich das ganze Sortiment. Und am Samstag robbt der Hausherr mit der Schere hinter dem letzten aufsässigen Grashalm her. Ein Bild spricht Bände. Hinter dem Zaun Wüste, vergiftet. Drinnen Mühe, Aufwand und viel Geld. Draußen blüht es neben dem Rinnstein."

Dabei gibt es in unserem Garten soviel zu erleben – trotz ordnender Hand. Machen wir uns also auf den Weg ...

FRÜHL

ING

Die Natur erwacht wieder aus ihrer langen Winterruhe. Blätter sprießen, Bäume, Büsche und Blumen erblühen, Vögel zwitschern, erste Insekten summen, und die Erde duftet wie zu keiner anderen Jahreszeit. Jetzt können wir unsere Umgebung mit allen Sinnen genießen. Gartenliebhaber sind besonders empfänglich für Frühlingsgefühle. Unaufhaltsam zieht es sie nach draußen in ihr Reich.

Singende Blaumeise

Streifzüge durch den Garten im Frühling

Frühlingsgefühle überkommen jetzt auch die Amphibien. Sobald es warm wird, verlassen Frösche, Kröten und Molche ihre Winterquartiere im nahen Wald oder unter der Gartenhecke und steuern ihre Laichgewässer an. Manche von ihnen haben auch direkt im Teichboden überwintert. Die regelmäßigen Besucher unseres Gartenteiches, Grasfrosch und Erdkröte, haben es am eiligsten. Während der Grasfrosch oft schon im Februar dort auftaucht, stellt sich die Erdkröte zusammen mit Teich- und Bergmolch erst ab März ein.

Grasfrösche laichen auch in Gartenteichen.

Hochzeiter und ihre Bräuche

Die Hochzeiter stört es wenig, daß auf dem Gartenteich noch hauchdünne Eisplättchen schwimmen. Im klaren, eiskalten Wasser lassen sich die einzelnen Amphibienarten jetzt gut beobachten. Wie unterscheiden sich Berg- und Teichmolch? An welchen Merkmalen lassen sich Männchen und Weibchen erkennen? Warum kommen Erdkröten und Grasfrösche „Huckepack" an unserem Gartenteich an? Wer trägt dabei wen? Wie unterscheidet sich die Entwicklung der verschiedenen Amphibien vom Ei bis zum fertigen Tier?

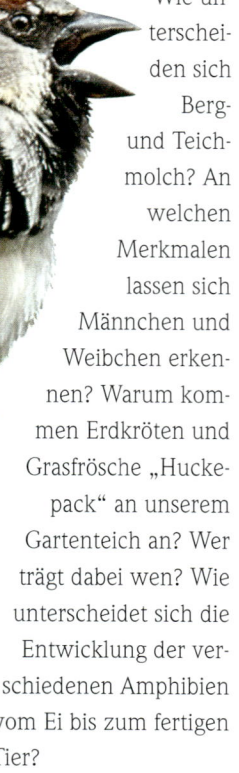

Ruffreudiger Haussperling

Der Zaunkönig sammelt Nistmaterial.

Blüten und Besucher

Der zeitige Frühling ist auch die Zeit von Märzenbecher, Leberblümchen, Lerchensporn, Busch-Windröschen und Scharbockskraut; auch Seidelbast und Forsythie entfalten ihre Blüten noch vor dem Laubaustrieb der Bäume. Die meisten dieser Frühblüher wachsen in Laub- und Mischwäldern. In naturnahen Gärten haben viele von ihnen Fuß gefaßt. Während die ursprüngliche Heimat der gelben Winterlinge in Süd- und Südosteuropa liegt, sind die in Gärten besonders beliebten Schneeglöckchen in feuchten Wäldern Süddeutschlands heimisch. Im eigenen Garten dürfen wir ruhig einmal eine Pflanze ausgraben und ihre unterirdischen Teile untersuchen. Wer sind die Blütenbesucher unserer Frühblüher?

Auch die ersten Schmetterlinge tauchen bereits im März in unserem Garten auf. Um welche Arten handelt es sich? Wann fliegen die Falter (Tageszeit)? Und wie verhalten sie sich?

Singende Frühlingsboten
Wenn die Zugvögel aus ihren Winterquartieren zurückkehren, steht der Frühling vor der Tür. Wann kommen die ersten Rauchschwalben an? Wo und wie bauen sie ihre Nester? Wann konnten Sie in diesem Jahr die ersten Hausrotschwänze in Ihrem Garten beobachten?

Bis Anfang Mai sind alle Brutvögel bei uns eingetroffen. Jetzt ist das Vogelkonzert am abwechslungsreichsten. Um Vogelstimmen kennenzulernen, müssen wir früh aufstehen. Wir können uns aber auch mittels CDs oder Kassetten in die Vogelstimmen einhören. Wo in unserem Garten sind die Singwarten der Vögel? Zu welchen Zeiten singen die verschiedenen Vögel?

Der Kleine Fuchs saugt an den frühblühenden Weidenkätzchen Nektar.

Frühlingsboten im Schnee: Winterlinge blühen schon im Februar.

Christrosenblüte mit Bienenbesuch

Auf Brautschau und Männerfang

Nicht nur uns Menschen scheinen die sprichwörtlichen Frühlingsgefühle zu befallen. Auch die Tiere im Garten gehen jetzt verstärkt auf Brautschau und Männerfang.

Die Zeit drängt

Tierische Hochzeiter haben es sehr eilig. Sobald sie sich von der zehrenden Winterruhe, dem kargen winterlichen Nahrungsangebot oder dem strapaziösen Rückflug aus fernen Winterquartieren erholt haben und wieder zu Kräften gekommen sind, regt sich das, was wir romantisierend Liebe, die Biologen jedoch nüchtern Fortpflanzungstrieb nennen. Die Eile ist berechtigt, denn der Nachwuchs soll zu einer Zeit zur Welt kommen, in der Nahrung im Überfluß vorhanden ist. Bis zum Herbst müssen die Jungen groß und kräftig genug sein, um ihren ersten Winter zu überstehen.

Wahre Verführungskünstler

Bei der Balz bedienen sich Tiere aller nur erdenklichen „Tricks". Die Partner finden sich durch Geruch, Gesang und Aussehen. Oder sie „verabreden" sich an bestimmten Treffpunkten, wie Erdkröten das beispielsweise tun. Sie wandern im Frühjahr immer zu

Eine Extraportion Energie – Balzfütterung beim Rotkehlchen ...

... und beim Kleiber: Das Weibchen wird wie ein Junges gefüttert.

dem Gewässer zurück, in dem sie als Kaulquappen geschlüpft sind. Frosch- und Heuschreckenmännchen geben lautstarke Solo- oder Orchesterkonzerte. Schmetterlingsweibchen verströmen betörende Duftstoffe, von denen sich Faltermänner von weit her magisch angezogen fühlen. Bei den Glühwürmchen ergreifen die Damen die Initiative: Sie blinken die Männchen an und hoffen so, von ihnen erhört zu werden. In unserem Garten können wir besonders gut die Werberituale der Singvögel beobachten. Unermüdlich singen viele Vogelmännchen ihre typischen Lieder. Doch was Weibchen anzieht, wirkt auf die männliche Konkurrenz bedrohlich. Frühzeitig stecken die Sänger auf diese Weise ihr Revier ab – eine unmißverständliche Kampfansage an ihre Nebenbuhler, falls diese unerlaubt eindringen. Dadurch sichern sie die Nahrungsversorgung für ihren Nachwuchs: Im eigenen „Garten" muß man nicht mit Artgenossen um Futter streiten.

Gesang von früh bis spät

Kohlmeisenmännchen leiten ihren Werbe- und Reviergesang sehr früh im Jahr ein. Schon an sonnigen Januar- und Februartagen bringen die gelbbauchigen Sänger ihr „Zi-zi-däh" zu Gehör. Kurze Zeit später können wir – noch vor Sonnenaufgang – das flötende Lied der Amselhähne hören. Aus feuchten, verwilderten Gärten lassen Nachtigallen fast zu jeder Tages- und Nachtzeit ihren schönen Gesang erschallen. Nachts locken die Männchen so die nachziehenden, etwas später in den Brutgebieten eintreffenden Weibchen an. In den frühen Morgenstunden der ersten Maihälfte, dann, wenn die Revierinhaber gleichzeitig tirilieren, ist „Sängerkrieg" der Meistersinger angesagt.

Sing-Marathon

Auch Hausrotschwanz-Männer sind leidenschaftliche Sänger. Der Schweizer Zoologe Martin Weggler schaute ihnen im Rahmen

Starenmännchen mit Blatt als Brautgeschenk

Ein Kleiner Wasserfrosch läßt seinen Paarungsruf erschallen.

Erdkrötenpaar: „Huckepack" zum Laichgewässer

Auf Brautschau und Männerfang

Ein Buchfinkenmännchen schmettert sein Balzlied.

Grüne Heupferde: Der Musikant wurde erhört.

Sportlicher Partnertest

Sobald die Hausrotschwanz-Weibchen eintreffen, werden sie von den Reviermännchen heftigst verfolgt. Martin Weggler vermutet hinter den wilden Verfolgungsjagden einen doppelten Test. Das Männchen stellt möglicherweise die Belastbarkeit des Weibchens auf die Probe; das Weibchen möchte vielleicht herausfinden, wie lange es den zukünftigen Partner von der Revierverteidigung abhalten kann, ohne daß dieser seine Position an rivalisierende Nachbarn verliert.

Kleinere und größere Geschenke

Gar nicht so selten lassen sich Weibchen durch Brautgeschenke leichter überzeugen. Starenmänner überreichen ihrer Angebeteten im Schnabel kleine Blätter und Blüten. Bei Heuschrecken und Grillen macht es die Verpackung: Die Hülle des von ihnen überreichten Spermapakets ist eßbar. Andere Tiere gehen noch einen Schritt weiter. Das Balzritual der Blaumeisen enthält schon Elemente der Jungenaufzucht: Das Blaumeisen-Weibchen mimt ein um Futter bettelndes Jungtier und wird vom Partner gefüttert. Das kommt gleichzeitig der energieaufwendigen Eierproduktion zugute. Und die Zaunkönigfrau läßt ihren Partner sogar mehrere „Häuser" („Spielnester") bauen, von denen sie sich dann das beste aussucht.

Klammerorgien und Hochzeitstänze

Auch bei den Amphibien geht es jetzt hoch her. Sie machen sich zu ihren Laichgewässern auf. Unterwegs reagieren die Erdkröten-Männchen auf das leiseste Rascheln im Laub und passen die größeren Weibchen ab. Auf ihnen reiten sie „Huckepack" zum Laichgewässer. Erreichen sie die Wasserstellen noch als „Single", steigert sich ihr Klammertrieb sogar noch: Sie umklammern fast alles, was

seiner Doktorarbeit besonders genau auf den Schnabel: Pro Minute zählte er immerhin 8 – 11 Strophen. Und da Hausrotschwänze ohne große Unterbrechung von 5 Uhr morgens bis 19 Uhr abends singen, kommt ein Revierinhaber ohne weiteres auf stolze 6000 Strophen am Tag! Hausrotschwänze können dem Gesang nur deshalb so ausgiebig frönen, weil ihre übrigen Aktivitäten sie nur wenig Zeit kosten. Ihr Reviere sind nämlich sehr klein. Sie erstrecken sich höchstens in einem Umkreis von 100 m um ihre zentrale Singwarte. Hausrotschwänze müssen also keine weiten Strecken zurücklegen. Ihre Nahrungssuche und die Verfolgung der Weibchen dauern nicht länger als 1 – 3 Minuten.

Weißlings-Paar: Paarungswillige Weibchen zittern mit den Flügeln.

Kleinlibellen: Begattung beim „Paarungsrad"

> **Liebe und Hiebe**
> Vogelmänner können sich bei der Balz oft in eine ziemliche Aggressivität hineinsteigern. Ob Rotkehlchen, Kohlmeise oder Amsel: Konkurrenten, die ihnen zu nahe kommen, beziehen nicht selten blutige Prügel. Wo sich ein Vogel in Hausfenstern, Rückspiegeln oder Autoradkappen selber spiegelt, ergeht es dem vermeintlichen Rivalen nicht besser.

Männliche Bachstelze attackiert ihr Spiegelbild.

ihnen gerade in die Quere kommt – egal ob andere Amphibienarten, Fische oder schwimmende Kleinsäuger. Bei dem üblichen Männerüberschuß bilden sich manchmal ganze Knäuel von Erdkröten-Männchen um ein einziges Weibchen. Wenn sich die Richtigen gefunden haben, korrigiert das Erdkröten-Weibchen den „Sitz" seines Partners durch pumpende Flankenbewegungen. Um abzulaichen, macht das Weibchen ein Hohlkreuz. Das ist das Signal für den Partner, sein Sperma abzugeben. Die Eier werden dann im Wasser befruchtet.

Dagegen machen Molche in Stillgewässern ihren Weibchen eher zurückhaltend den Hof. Sie vollführen einen Hochzeitstanz und versuchen, die Weibchen durch ihre prächtige Körperfärbung und durch betörende Düfte zu beeindrucken. Fließgewässer bewohnende Gebirgsmolche umklammern ihre Weibchen.

Die Amsel – auf jedem Rasen zu Hause

Etwa 14 Tage sitzt ein Amselweibchen auf den Eiern, bis sie ausgebrütet sind.

Die Amsel rund um Haus und Garten zählt zu unseren vertrautesten und häufigsten Vogelgestalten – hier läuft ihr höchstens noch der Haussperling den Rang ab. Das war aber nicht immer so, denn noch vor 100 – 200 Jahren galt die Amsel bei uns als scheuer Waldvogel.

Hüpfend auf Nahrungssuche

Amseln ziehen zur Nahrungssuche den Boden deutlich dem Geäst vor. Deshalb entpuppen sich unsere Gärten und Parks mit ihren ausgedehnten Rasenflächen, ihren Beeten und Sträuchern für die Weichfutterfresser als Schlaraffenland. Dort lassen sich im Frühjahr fette Regenwürmer aus der Erde ziehen und bodenlebende Kleininsekten aufstöbern. Im Herbst und Winter finden die Amseln dort weiche Beeren. Außerdem bleibt der Boden als bevorzugter Amsel-Eßtisch in Siedlungen länger schnee- und frostfrei als im Wald. Auch in der Wahl ihrer Neststandorte sind Amseln sehr flexibel. Deshalb sind sie geradezu prädestiniert für die Eroberung unserer Dörfer und Städte.

Rangeleien ums Revier

Ab dem zweiten Lebensjahr tragen Amselhähne ihren leuchtend gelben Schnabel und gelbe Augenringe zur Schau. Bei der Besetzung ihrer Reviere gehen Amseln nicht gerade zimperlich miteinander um. Bei hoher Individuenzahl liefern sich die Drosselvögel erbitterte Gefechte, bei denen oft Blut fließt und schon mancher Kämpfer sein Leben lassen mußte. Das napfförmige Nest wird in Bäumen, Sträuchern, Kletterpflanzen oder an Gebäuden errichtet. Als Baumaterial dienen Moos, Laub, Halme, Erde, Draht, auch mal Plastiktüten und meterlange Wäscheleinen. Wenn die Individuendichte sehr hoch ist, legen Amsel-

Amselmänner sind oft richtige Streithähne.

Amsel mit Nistmaterial

Teilalbino: unter Stadtamseln gar nicht selten

Die Amsel, einst scheuer Waldvogel, fühlt sich längst in Städten wohl.

„Bebrillt": Amselhahn mit gelben Augenringen

hennen oft weniger als die üblichen 4 – 7 Eier. Sie sind bläulich-grün mit einer dichten braunen Zeichnung. Da bei den Stadtamseln der Lege- und Brutbeginn deutlich ins Frühjahr vorverschoben ist, können sie zwei- bis dreimal, ausnahmsweise sogar viermal im Jahr brüten.

Gefahr im Verzug
Doch längst nicht aus allen gelegten Eiern schlüpfen Junge, und es werden auch nicht alle groß. Viele Nester liegen nämlich so ungeschützt und einladend für Nesträuber wie für uns Billigangebote auf den Grabbeltischen der Warenhäuser. Außerdem läßt so manche Stadtamsel ihr Leben im Autoverkehr, der vor allem für die ihr Revier und ihr Weibchen verteidigenden Amselmänner eine Gefahr bedeutet. Trotzdem sind die Überlebenschancen der Stadtamseln gar nicht so schlecht. Davon zeugen z. B. weißscheckige oder gar reinweiße Tiere. Hier handelt es sich nicht um eine Degenerationserscheinung, sondern um (Teil-)Albinos, die im Schutz der Siedlungen besser gedeihen können als in Wald und Flur. Dort nämlich wären sie schon längst Vorzugsbeute von Vogeljägern geworden.

Aus Gärten werden „Kindergärten"

Im Frühling und Frühsommer kommt – im wahrsten Sinne des Wortes – neues Leben in unseren Garten: Zahlreiche Tierkinder erblicken in diesen Monaten das Licht der Welt. Die Jungenaufzucht hält die Eltern mehr oder weniger auf Trab.

Je nach Art wird der Nachwuchs liebevoll umsorgt oder ist gleich völlig auf sich selbst gestellt. Während einige Kinderstuben kaum zu übersehen und noch weniger zu überhören sind, geht es in anderen vergleichsweise ruhig zu.

Von Hütten und Palästen

Vogelembryos bedürfen der besonderen Pflege: Da sie sich außerhalb des mütterlichen Körpers – im Ei – entwickeln, müssen sie beschützt und gewärmt werden. Zu diesem Zweck bauen die meisten Vögel Nester. Die Kinderwiegen sind so verschieden wie ihre Erbauer. Ob aus menschlicher Sicht eher aufwendig, kunstvoll und ordentlich oder schlicht bis liederlich – seinen Zweck erfüllt ein solches Bauwerk allemal. Nistplatz, Nistmaterial und Bauweise lassen eindeutige Rückschlüsse auf den Urheber zu.

Amseln und ihre Drosselverwandtschaft errichten wohlgeformte Näpfe aus Gräsern, dünnem Reisig, Wurzeln, Moos, altem Laub und Flechten, ausgekleidet mit einer Schicht aus Holz, Mull und Lehm. Amselnester findet man in Bäumen, Sträuchern oder an Gebäuden, hier z. B. in Nischen, auf Fenstersimsen, hinter Kletterpflanzen, aber auch in Holzstößen und offenen Gartenhäuschen, und zwar vorzugsweise in Bodennähe. Die Wacholderdrossel baut ihr Nest in Bäumen und Sträuchern und wagt sich dabei fast immer „höher hinaus". Zudem brütet sie gerne in Kolonien. Immer sind die Drosselweibchen die alleinigen Baumeisterinnen.

Die höhlenbrütenden Blau- und Kohlmeisen bauen ihre Napfnester gerne in Nistkästen. Als Baumaterial verwenden sie Moos, Gras, Wolle, altes Laub, mischen es

Gimpel füttern gemeinsam ihre Jungen.

Zaunkönige füttern ihre Brut 15 – 18 Tage.

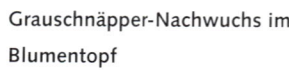

Grauschnäpper-Nachwuchs im Blumentopf

Junger Star: längst flügge, aber noch umsorgt

Nistkasten-Besetzer: Feldsperlinge brüten sonst an Siedlungsrändern.

mit Dunen und Spinnweben und polstern das Nest mit Haaren, Pflanzenwolle und gelegentlich Federchen aus.

Viel aufwendiger ist die kugelige Nestkonstruktion des Zaunkönigs. Sie hat einen seitlichen Eingang und wird gut getarnt in Höhlen, an Mauern, in Bäumen oder Böschungen angelegt. Die „Zaunkönigin" unterstützt ihren Partner nur beim „Innenausbau" des von ihr erwählten Nestes. Die Männchen kennen auch die Vielehe, helfen dann aber nur bei einer Brut.

Heimlich, still und leise

Die Kleinsäuger in unserem Garten bleiben auch während der Jungenaufzucht ihrer heimlichen Lebensweise treu. Manche leben ohnehin mehr oder weniger unterirdisch in Gängen und Wohnbauen, wie Maulwurf und Feldmaus; Kaninchen dagegen legen eigens spezielle Wurfbaue an. Wieder andere nutzen fremde Tierbauten im Erdreich (z. B. Spitzmäuse), in Baumhöhlen oder Nistkästen (z. B. Gelbhalsmaus, Bilche, seltener Eichhörnchen) für ihre eigenen Zwecke. Freistehende Nester im Bewuchs bauen nur Zwergmaus, Haselmaus und Eichhörnchen.

Gehegt und gepflegt

Alle Säugetierweibchen im Garten kümmern sich aufopferungsvoll um ihre Kleinen. Bei Gefahr tragen viele ihre noch hilflosen Jungen aus dem Nest an einen sicheren Platz. Auch wenn Fledermausmütter vom Nestbau überhaupt nichts halten, gehören ihre Jungen zu den Bestbehütetsten unter den Säugetieren. Im sicheren Wochenstubenquartier leben sie in engem Kontakt zu Gleichaltrigen, jedes wird jedoch von der eigenen Mutter gesäugt und umsorgt.

Aus Gärten werden „Kindergärten"

Wiesenhummeln bauen ihr Nest oft in Grasbüscheln oder verlassenen Erdbauen.

Eier, die sie eines nach dem anderen vorsichtig aufnimmt und mit den Mundwerkzeugen sorgfältig reinigt. Diese Prozedur wiederholt sie bis zum Schlupf der Jungen mehrfach. Auf diese Weise wird das Gelege vor Pilz- und Milbenbefall geschützt und gleichzeitig feucht gehalten. Wie eine Löwenmutter verteidigt das Weibchen seinen Nachwuchs gegen alle Störenfriede, egal ob es sich dabei um kleine Pseudoskorpione oder große Maulwurfsgrillen handelt. Sollten die Eier dabei durcheinander geraten, trägt es sie alle wieder zusam-

Ohrwurmmütter halten ihr Gelege stets sauber.

Zahlreiche Insekten-, Amphibien- und Reptilienweibchen betreiben keine derart intensive Brutfürsorge. Ihre Jungen müssen von klein auf allein zurechtkommen. Allerdings wählen diese Mütter bei der Eiablage einen Platz, an dem es ihrem Nachwuchs an nichts mangelt.

Übermutter Ohrwurm

Eine für Insekten ungewöhnlich aufwendige Fürsorge läßt die Ohrwurmmutter ihrem Nachwuchs angedeihen. Zunächst gräbt sie im Herbst einen Nestbau mit zwei oder drei Kammern. In jeder herrscht ein etwas anderes Kleinklima. Alle Artgenossen werden daraus vertrieben, und vor der Eiablage auch das Männchen. In zwei Nächten legt sie dann ihre 50 – 70 durchsichtigen bis cremefarbenen

Junge Kreuzspinnen leben nach dem Schlupf kurze Zeit in einem Gemeinschaftsgespinst.

Siebenschläfer-Junge öffnen erst nach drei Wochen die Augen.

Großer Abendsegler mit Zwillingen

men und sortiert sie neu. Den gesamten Winter über zehrt die Ohrwurmmutter ausschließlich von Fettreserven, die sie sich zuvor angefressen hat.

Immer auf Achse

Nach vier bis fünf Monaten, sobald die ersten Sonnenstrahlen im Frühjahr die Erde wieder erwärmen, regt sich Leben in den Ohrwurmeiern. Winzige braune Pünktchen sind erkennbar – die Augen und Mundwerkzeuge der Ohrwurmkinder. In den nächsten anderthalb Tagen schlüpfen die Kleinen aus ihren Eihüllen und werden von der Mutter gleich mit ausgewürgter Nahrung versorgt. Dabei hält sie ihren Nachwuchs geradezu zärtlich mit ihren Mundwerkzeugen fest. Die Jungtiere sind noch durchsichtig und nehmen nach jeder Fütterung die Farbe der Nahrung an, die die Ohrwurmmutter auf ihren nächtlichen Beutezügen gesammelt hat. Ungefähr zwei Wochen hat sie alle „Hände" voll damit zu tun, die etwa 50 hungrigen Mäuler zu stopfen.

Mit Frühlingsende ist für das Ohrwurmweibchen die Fortpflanzungszeit jedoch noch längst nicht zu Ende – sie kann noch zwei weitere Bruten produzieren. Dazu befruchtet sie die Eier mit den Spermien ihrer „Liebhaber", die sie seit dem vergangenen Herbst in ihren Samentaschen speichert. Danach allerdings ist das Weibchen so ausgelaugt, daß es einen zweiten Winter nicht mehr erlebt. An ihre Stelle als fürsorgliche Mutter treten jetzt die erfolgreich großgezogenen und verpaarten Ohrwurmtöchter.

Klein- und Großlibellenlarve (unten) im Vergleich

Nesträuber – immer auf der Lauer

Die Serengeti beginnt sozusagen direkt vor unserer Haustür: Auch in der zivilisierten Welt unserer Gärten, Felder und Wälder herrscht das Naturgesetz vom Fressen und Gefressenwerden. Elstern, Krähen und Katzen gelten unter Tierliebhabern als „Staatsfeinde" Nummer 1.

Eichhörnchen plündern gelegentlich Vogelnester.

Sie nutzen die Unachtsamkeit der Vogeleltern und plündern in deren Abwesenheit ihre Nester. Während die meisten Katzenfreunde diese Eskapaden dem angeborenen Jagdinstinkt ihrer Schützlinge zuschreiben, haben Rabenvögel selbst in Kreisen ausgemachter Vogelfans kaum eine Lobby. Es stellt sich die Frage, ob das Naturgesetz vom Fressen und Gefressenwerden in unserer Kulturlandschaft nicht längst außer Kraft gesetzt ist. Bedrohen nicht inzwischen die ungehemmte Vermehrung der Rabenvögel und die freie Haltung zu vieler Hauskatzen den Bestand unserer Kleinvögel?

Diebe im Visier

Haus- oder Schmusetiger nennen wir unsere Hauskatze gerne liebevoll und treffend. Rund 5000 Jahre reicht ihre Geschichte mit uns Menschen zurück. Doch trotz dieser langjährigen Lebensgemeinschaft wurde aus der Nordafrikanerin nie ein echtes Haustier. Bei aller Schmusebereitschaft bewahrte sie sich einen Großteil ihrer Unabhängigkeit und Wildheit. Dennoch rangiert bei ihr die typische Hausnahrung – Katzenfutter und Küchenabfälle – weit vor dem Anteil an Mäusen. Vögel (und andere Wildtiere) bleiben seltene Beikost.

Elster und Rabenkrähe zählen mitsamt ihren Verwandten – Saatkrähe, Kolkrabe, Dohle, Tannen- und Eichelhäher – zu den intelligentesten Singvögeln. Sie sind besonders anpassungsfähig und nutzen ein außerordentlich breites Nahrungsspektrum, das von Aas, Insekten und Kleintieren über nährstoffreiche Pflanzenteile bis hin zu Nahrungsresten auf Müllkippen reicht. Zwischen Elster und Rabenkrähe besteht eine starke zwischenartliche Konkurrenz. Rabenkrähen kennen zudem noch eine ausgeprägte innerartliche Konkurrenz. Die Elster baut ihre sperrigen Nester mit Überdachung nicht etwa zum Schutz vor Witterung, sondern in erster Linie zum Schutz vor Rabenkrähen, die immer wieder versuchen, Eier oder Junge zu erbeuten. Rabenkrähenpaare müssen ihr Nest sogar gegen diebische Artgenossen verteidigen.

Während Rabenkrähen-Eltern zur Aufzucht ihrer Jungen auf Insekten angewiesen sind, können sich ihre nichtbrütenden Artgenossen auch von Aas, Abfällen und eben Eiern und Jungtieren ernähren. Greift der Mensch in dieses natürliche Beziehungsgefüge ein, indem er Rabenkrähen von ihren Brutplätzen vertreibt oder ihre Gelege vernichtet, wächst höchstens die Zahl der Nichtbrüter, potentielle Nestplünderer nehmen also eher zu.

Zeitungsente über Rabenvögel

Selbst ernstzunehmende Zeitungen schildern alljährlich auf das Eindringlichste das überholte Szenario vom Rückgang der Singvögel als Folge der Rabenvögelvermehrung. Tatsache ist vielmehr, daß sich die „bedrohten" Singvögel in unseren Siedlungen und Gärten ausbreiten und vermehren – und das trotz Elster, Rabenkrähe und Hauskatze. Die betroffenen Vogelarten kalkulieren nämlich Verluste durch Nesträuber bei der Fortpflanzungsrate von vornherein mit ein. Übrigens: Selbst Eichhörnchen, Buntspecht und die Bilche bedienen sich gelegentlich an diesem Vogel-„Überangebot" …

Hauskatzen leben bevorzugt von Katzenfutter und Küchenabfällen. Ihr Einfluß auf den Vogelbestand wird häufig überschätzt.

Steinmarder mögen ausgesprochen gerne Eier.

Die Elster – hier am Nest einer Amsel – raubt Eier oder Jungvögel. Sie ist ein Teil der Natur.

Verluste durch Nesträuber sind bei der Jungenaufzucht einkalkuliert.

Jedem Gärtner seine Meise(n)

Schwarz wie Kohle sind bei Kohlmeisen nur Kopf, Kehle und ein Streifen auf der Brust.

Die meisten Gartenbesitzer haben in der Regel mehr als nur eine Meise. Die geschickten Zweigakrobaten gehören praktisch zur Grundausstattung eines jeden Gartens.

Eßbares in jeder Lage

Ein abwechslungsreicher Speiseplan und vielfältige Techniken des Nahrungserwerbs zeichnen die Meisenschar aus. Im Frühjahr und Sommer bevorzugen Meisen eindeutig die oberen „Stockwerke" unseres Gartens. Wie Trapezkünstler hangeln sie sich – mit dem Rücken zuunterst – selbst an dünnen Ästchen entlang. Hier lesen sie von Zweigen und Blättern kleine Insekten und Spinnen ab. Ihre Beutetiere sind so gut wie nirgendwo vor den Meisenschnäbeln sicher – sogar Rindenverstecke werden geknackt. Im Winter stellen sich die Meisen auf Körnerfutter um. Futterhäuschen sind willkommene Anlaufstellen – und zudem noch sehr bequem.

Akrobaten im Gezweig

Was für den Menschen gilt, trifft auch auf das Meisenvolk zu. Die kleineren Blau-

Sumpfmeisen sind im Garten recht selten.

und Tannenmeisen übertreffen die größeren Kohlmeisen an turnerischen Qualitäten. Die Vielfalt ihrer akrobatischen Einlagen im Geäst übersteigt die der Kohlmeisen deutlich. Im Garten können wir leicht „Wertungsrichter" spielen. Außerdem halten sich Blaumeisen viel seltener auf dem Boden auf als ihre größeren Verwandten. Und noch zwei Besonderheiten lassen sich mit etwas Ausdauer beobachten: Blaumeisen naschen im Frühjahr viel häufiger Nektar und Blütenpollen als die übrige Meisenschar. Und im Winter turnen die kleinen „Blaukappen" im Schilf unseres Gartenteichs umher, um mit ihren winzigen Schnäbeln die trockenen Halme aufzumeißeln und darin versteckte Insektenlarven aufzustöbern.

Kraftfutter für die Jüngsten

Während Insektenlarven im Winter für Meisen eher seltene Leckerbissen sind, stellen sie für Meisenkinder ein Grundnahrungsmittel dar. Die erfolgreiche Jungenaufzucht hängt ganz wesentlich davon ab, daß z. B. Schmetterlingsraupen in ausreichender Zahl und Größe zur Verfügung stehen. Nur wo die Portionen groß genug bemessen sind, können die Schnäbel der zahlreichen heißhungrigen Meisenkinder von den Eltern gestopft werden.

Manch ein Gartenfreund hat beim Öffnen seines Meisenkastens schon eine traurige Entdeckung gemacht: tote, noch nicht flügge gewordene Meisenkinder. Ihr Todesurteil besiegelte in der Regel nicht etwa der Verlust der Eltern. Sie sind schlichtweg deshalb verhungert, weil in ihrer Umgebung zuviel exotisches Grün wuchs, das wiederum ihrer Hauptnahrung, den pflanzenfressenden Insektenlarven, keine Nahrungsgrundlage bot.

Blaumeisen streiten ums Futter.

Kindersegen bei Blaumeisen

Etwa 600mal am Tag füttern Kohlmeisen ihre Jungen.

Junge Kohlmeisen lassen sich drei Wochen lang von ihren Eltern mit Raupen und Larven versorgen.

Leben von und an Pflanzen

Jeder Gartenbesitzer legt sein grünes Reich nach seinen eigenen Vorstellungen an. Egal, ob Blumen oder Gemüse – auch viele Tiere nutzen die Pflanzen, jedes auf seine Weise. Und es ist nur allzu menschlich, sie in Nützlinge und Schädlinge einzuteilen.

Glücksbringer Marienkäfer

Kaum einem Käfer wird soviel Sympathie entgegengebracht wie dem Marienkäfer – jung und alt erfreuen sich an diesem putzigen Glücksbringer. Die schwarzen Punkte auf den Flügeldecken – 2 bis 22 an der Zahl – verraten uns zwar nicht das Alter der Tiere, wohl aber ihre Artzugehörigkeit. Marienkäfer sind allein bei uns mit über 70 Arten vertreten. Weltweit sind etwa 4250 Formen dieser meist rundlichen, rot-schwarz, gelb-schwarz oder auch braun-schwarz gefärbten Gesellen bekannt. In unseren Augen sehen Marienkäfer besonders hübsch aus. Mit ihrer bunten auffälligen Färbung und Musterung wollen sie allerdings nicht uns gefallen, sondern vielmehr ihren Freßfeinden signalisieren, daß sie ungenießbar sind. Als Bekräftigung ihrer Warntracht scheiden erschreckte Tiere aus den Beingelenken eine gelbliche, übelriechende Flüssigkeit aus, die Angreifern vollends den Appetit verderben soll.

Blattlausplage ade

Marienkäfer sind ausgesprochene Feinschmecker – sie lieben Blattläuse, die durch „Befühlen" als Leckerbissen identifiziert werden. Rund 100 dieser Pflanzensauger verzehrt ein erwachsener „Glückskäfer" pro Tag! Mit dieser Vorliebe haben die Marienkäfer natürlich die Herzen aller Gärtner im Sturm erobert. Ansonsten stellt der Siebenpunkt, so der Name einer der am weitesten verbreiteten Marienkäferart, kaum spezielle Ansprüche an seinen Lebensraum. Auch die Marienkäferlarven sind gierige Blattlausvertilger. Das Marienkäferweibchen plaziert seine bis zu 400 Eier mitten hinein in Blattlauskolonien und garantiert seinem Nachwuchs

Artenreiche Blumenwiesen sind Insektenparadiese.

Ein Siebenpunkt bei der Blattlaus-Mahlzeit.

Ausgewachsene Schwalbenschwanz-Raupe; jüngere sind schwarz mit weißem Sattelfleck.

Auch Marienkäferlarven fressen sehr gerne Blattläuse.

Räuberische Baumwanzen räumen unter Kartoffelkäfern (oben) und ihren Larven auf.

auf diese Weise eine stets gefüllte Speisekammer.

Kartoffelkäfer – Einwanderer aus Übersee

Im Gegensatz zum Marienkäfer ist der attraktiv gestreifte Kartoffelkäfer unbeliebt, ja sogar als Schädling verschrien: Sein Appetit auf Kartoffelpflanzen stößt beim Menschen auf wenig Verständnis.

Nach seiner Heimat in Colorado, USA, wird der Kartoffelkäfer auch Coloradokäfer genannt. Dort wurde er 1824 auf einem Nachtschattengewächs namens *Solanum rostratum* entdeckt. Mit Zunahme des Kartoffelanbaues siedelte der Coloradokäfer auf die Kartoffelpflanze *(Solanum tuberosum)* über und konnte sich bis zum Jahr 1874 als ein Nutznießer der Union-Pacific-Eisenbahn – quasi als „Blinder Passagier" – bis zur Atlantikküste hin ausbreiten. In der Alten Welt hatte man vor dem neuen Kartoffelschädling gehörigen Respekt, wie eine vom Königlich-preußischen Ministerium für landwirtschaftliche Angelegenheiten 1875 herausgegebene Schrift belegt. Darin wird dringend davor gewarnt, den Schädling nach Europa einzuschleppen. Trotz aller Vorsichtsmaßnahmen schaffte der Kartoffelkäfer bereits 1877 den Sprung über den Atlantik. Während man seinem Vormarsch anfangs noch erfolgreich Einhalt gebieten konnte, war sein Siegeszug durch Europa nach dem 1. Weltkrieg nicht mehr zu bremsen.

Heute ist der gestreifte Kartoffelliebhaber in ganz Europa verbreitet, wenn auch mit unterschiedlicher Häufigkeit. Auf kleinen Anbauflächen, z. B. im Garten, können die Kä-

Leben von und an Pflanzen

Haselnußbohrer sind recht verbreitet. Die Weibchen bohren junge Haselnüsse an.

Ameise betrillert Blattlaus, um Honigtau zu gewinnen.

Blattläuse sind lebendgebärend.

fer und ihre auffälligen rosafarbenen, schwarzgepunkteten Larven gut abgesammelt werden. Erfolgreichere Jäger von Kartoffelkäfern und ihren Larven bleiben jedoch Laufkäfer.

Von pflanzlichen und anderen Säften

Abgesehen von Ausnahmen wie den Bett-, Schwalben- oder Fledermauswanzen und einigen räuberisch lebenden Arten, sind Wanzen mehr oder weniger harmlose Pflanzensaftsauger. Bei aller Vielfalt in Form, Farbe und Lebensweise gehören stechend-saugende Mundwerkzeuge sowie „Stinkdrüsen" jedoch zur Grundausstattung einer jeden Wanze. Das „Stinken" hat übrigens Methode. Es dient hauptsächlich der Verteidigung.

Besser sollte man allerdings von „Duftdrüsen" reden, denn manche der abgegebenen Sekrete riechen gar nicht übel, sondern sogar angenehm aromatisch. Als Kontaktgifte wirken sie jedoch durchschlagend. Angreifer wie Ameisen oder räuberische Käfer werden durch gezielten Beschuß mit scharfen Sekretstrahlen rasch kampfunfähig gemacht.

In manchen Fällen dienen die Sekrete auch dazu, Artgenossen zu warnen. Wird beispielsweise eine Gruppe von Bettwanzen, die tagsüber versteckt lebt, gestört, bewirkt die Sekretabgabe ein Auseinanderlaufen der Tiere. Die Fluchtgeschwindigkeit hängt dabei von der Konzentration des sogenannten Alarm-Pheromons ab.

Weil sie oft an eine einzige oder höchstens einige wenige Futterpflanzen gebunden sind, unterscheidet man zwischen mono- und oligophagen Wanzen. Manche Arten kommen in unseren Gärten recht häufig vor, z. B. die Rotbeinige Baumwanze. Sie entwickelt sich auf Laubbäumen, lebt dort überwiegend von Pflanzensäften, saugt aber auch

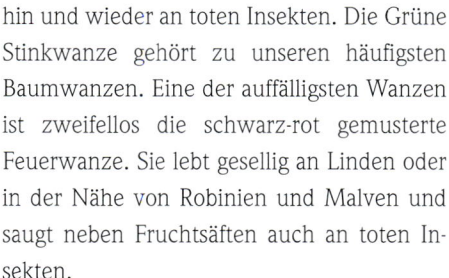

Feuerwanzen sind sehr gesellig und treten oft in großen Ansammlungen auf.

Beerenwanzen mögen auch Blüten.

hin und wieder an toten Insekten. Die Grüne Stinkwanze gehört zu unseren häufigsten Baumwanzen. Eine der auffälligsten Wanzen ist zweifellos die schwarz-rot gemusterte Feuerwanze. Sie lebt gesellig an Linden oder in der Nähe von Robinien und Malven und saugt neben Fruchtsäften auch an toten Insekten.

Gartenkriege

Mittlerweile können viele Pflanzenverzehrer mit der Toleranz der Gärtner rechnen – den Schnecken hat man jedoch seit langem allgemein den Krieg erklärt: vor allem den Nacktschnecken, allen voran der Großen Wegschnecke. Zusammen mit Garten-Wegschnecke und Ackerschnecke ist ihr Appetit auf alles, was des Gärtners Herz erfreut und seinen Gaumen kitzelt, schier unersättlich. Trotz aller Gegenmaßnahmen, ob mit oder ohne chemische Waffen: Nacktschnecken scheinen unbesiegbar zu sein. Letztlich bleibt nichts anderes übrig, als das nackte Heer regelmäßig abzusammeln und um unsere Lieblingspflanzen „Austrocknungsbarrieren" in Form von Sägemehl und Holzasche zu errichten. Vor allem aber sollten wir uns im Schneckenkrieg mit Weberknechten, Ameisen, Glühwürmchen, Laufkäfern, Spitzmäusen und Igeln verbünden. Wo wir ihnen Lebensqualität bieten, helfen sie uns gegen den Ansturm der gefräßigen Horde.

Nacktschnecken – gefräßige Genießer

Kaninchen – putzige Plagegeister

Kurze Ohren, rundes Kindergesicht und große Knopfaugen – das sind die Markenzeichen der Wildkaninchen, der Stammeltern unserer Hauskaninchen.

Wühlen im Trupp

Während Feldhasen nur selten den Weg in unsere Gärten finden, nisten sich Wildkaninchen in manchen Gegenden gerne dort ein. Beide Arten ernähren sich fast ausschließlich von Grünzeug. Wildkaninchen fallen nicht nur über Gemüse und Salat her, sondern knabbern auch an unseren Zierpflanzen. Sie treten aber im Gegensatz zu ihren Feldhasen-Verwandten gleich in Herden auf und entwickeln – anders als Meister Lampe – eine ausgeprägte Grabe- und Wühlaktivität.
Als ursprüngliche Steppenbewohner waren Kaninchen nacheiszeitlich auf die Iberische Halbinsel und Nordwestafrika beschränkt. Als beliebtes Jagdobjekt wurden sie von uns Menschen seit dem Altertum über die ganze Welt verbreitet. Karnickel lieben leicht hügeliges Gelände mit Sandboden und trockenes Klima. Daher fanden sie in der Kultursteppe Mitteleuropas hervorragende Lebensbedingungen.

Rettung unter der Erde

Die geselligen Tiere graben weitverzweigte unterirdische Gänge mit Kesseln in fast 3 m Tiefe. Ihr Reich erstreckt sich in einem Umkreis von etwa 80 m rund um den Bau und wird mit Duftstoffen und Kotpillen gegen andere Clans abgegrenzt. Bei drohender Gefahr trommeln die Tiere mit den Hinterbeinen auf den Boden, um ihre Familienmitglieder zu warnen. Ihr sonst typisches Hoppeln wird bei der Flucht zum schnellen Kurzstreckenlauf in den schützenden Bau. Das Hakenschlagen zum Abschütteln der Verfolger beherrschen sie ebenso wie Kollege Feldhase.

Leben wie im Harem

Kaninchen leben in Großfamilien, die aus einem Männchen, mehreren Weibchen und ihrer zahlreichen Nachkommenschaft bestehen. Innerhalb einer Kaninchen-Sippe herrscht eine strenge Rangordnung. Zur Fortpflanzungszeit imponieren die Kaninchenmänner durch häufige Grenzpatrouillen. Wo Einschüchterungstaktik nicht ausreicht, bleiben Raufereien nicht aus. Brünstige

Wildkaninchen lieben die Geselligkeit. In der Sippe herrscht eine strenge Rangordnung.

Feldhase (links) und Wildkaninchen (rechts) sind leicht an den Ohren zu unterscheiden: Hasenlöffel sind viel länger und haben deutliche schwarze Spitzen.

Wildkaninchen graben weitverzweigte Baue.

Ideales Wohnland für Kaninchen: Hecken, Parks, Gärten und Waldränder

Wildkaninchen bekommen 4 – 6mal im Jahr Junge.

Weibchen werden heftig umworben, indem die Männchen sie steifbeinig umkreisen, ihre „Blume" zeigen und sie mit Sexualduftstoffen und Harn „betören". Beim Geschlechtsakt umklammert der Karnickelmann – auch Rammler genannt – das Weibchen und vollführt ebenso kurze wie heftige Kopulastöße. Anschließend fällt er seitlich um und bleibt einige Sekunden regungslos liegen.
Die Vermehrungsfreudigkeit der Kaninchen ist sprichwörtlich: Meist sind es 5 – 6 Junge pro Wurf, es können aber auch bis zu 13 sein.

Dieser Kaninchen„flut" werden weder tierische noch menschliche Jäger Herr. Allein die durch Mücken übertragene und auch von den Tieren selbst verbreitete Myxomatose, eine Viruserkrankung, lichtet von Zeit zu Zeit die Reihen der niedlichen Tiere.

In Australien haben sich eingeführte Kaninchen zur echten Landplage ausgewachsen, weil sie dort keine natürlichen Feinde besitzen.

Florfliegen – aus Löwen werden Elfen

Zartgrün mit schillernden Flügeln präsentiert sich die Florfliege im Sommer.

Die Gemeine Florfliege wird landläufig auch „Goldauge" genannt. Beide Namen spiegeln treffend ihre elfenhafte Erscheinung wider. Wie ein hauchdünner, zerbrechlicher Schleier umhüllen die durchschimmernden Flügel den schmalen Körper. Die dünnen Chitinblättchen zerlegen das Licht in alle Farben des Regenbogens. Und ihre großen Augen schillern goldgrün. Der Körper ist grün und trägt einen gelblichen Aalstrich auf dem Rücken. Im Herbst und Winter verfärbt sich der Florfliegenkörper rötlich-braun, um im kommenden Frühjahr wieder zu „ergrünen".

Goldaugen entdecken

Florfliegen leben an Bäumen und Sträuchern und ernähren sich von Nektar, Pollen oder Honigtau, manche Arten leben auch räuberisch. Häufig fallen uns die zarten Geschöpfe erst dann auf, wenn sie als dämmerungs- und nachtaktive Insekten – von Außen- oder Innenbeleuchtung angelockt – in Nähe der Lichtquellen landen.

Ab Herbst finden wir Florfliegen regelmäßig in Schuppen und Häusern, wo sie in Türritzen, Spalten und im Gebälk von Dachböden den Winter verbringen. Im Frühjahr verlassen die Florfliegenweibchen ihre Winterquartiere, um ihre Eier auf Blättern abzulegen – möglichst in der Nähe von Blattlauskolonien. Die Eier stehen auf langen Sekretstielen. Zunächst klebt das Weibchen einen Tropfen Sekretflüssigkeit auf das Blatt und zieht ihn dann zu einem Faden aus, indem es seinen Hinterleib anhebt. Sobald der Faden erstarrt ist, befestigt es ein Ei an dessen Spitze.

Ganz schön gefräßig

Was aus den Eiern schlüpft, trägt zu Recht die Bezeichnung Blattlauslöwe. Mit wahrem „Löwenhunger" stürzen sich nämlich die frisch geschlüpften Florfliegenlarven mit ihren spitzen Kiefern auf Blatt- und Schildläuse oder auch Milbeneier, um diese auszusaugen. Bis

---

Und noch mehr Löwen

Blattlauslöwen heißen nicht nur die Larven der Florfliegen; es ist auch der Name einer eigenen Familie. Sie gehört ebenso wie die Familie der Florfliegen zur Insektenordnung der Netzflügler (*Planipennia*). Auch ihre Larven lieben Blattläuse – sehr zur Freude der Gärtner.

zu 450 Blattläuse oder 12 000 Milbeneier vertilgt eine einzige Florfliegenlarve während ihrer etwa dreiwöchigen Entwicklung. Ist der Blattlausvorrat erschöpft, werden die gefräßigen Larven auch einmal zu Kannibalen. Die Nimmersatte scheiden keinen Kot aus, sondern deponieren ihn in komprimierter Form in ihrem Körper. Später spinnen sie daraus ihren Puppenkokon. Nach 10 – 30 Tagen sucht die Florfliegenlarve zu diesem Zweck ein Rindenversteck auf. Die Puppenruhe dauert drei Wochen. Aus dem Kokon krabbelt jedoch nicht das fertige Insekt, sondern vielmehr die Puppe. Erst nachdem sie noch etwas herumgelaufen ist, häutet sie sich zur „fertigen" Florfliege.

Gegen den Feind „anstinken"

Während die Elterngeneration der Florfliege nur rund einen Sommermonat lebt, läuft die Lebensuhr der zweiten Generation ein knappes Dreivierteljahr. In dieser Zeit haben die Florfliegen so manche Feindberührung zu überstehen. Obwohl sie die Kunst des Fliegens nicht gerade meisterhaft beherrschen, sind sie Angreifern keineswegs hilflos ausgeliefert. Sie verfügen über Organe, die ihnen die Ortungsrufe jagender Fledermäuse vermelden, denen sie dann durch Sturzflüge zu entkommen versuchen. Darüber hinaus besitzen sie noch eine weitere Geheimwaffe: eine Stinkdrüse im Vorderbrustbereich, die Freßfeinden den Appetit verdirbt. Diese Fähigkeit brachte der Florfliege ihren dritten deutschen Namen ein, nämlich „Stinkfliege".

Zum Winter färbt sich die Florfliege rötlich-braun.

Eier am Stiel: Gelege der Florfliege

Nach ihrer Augenfarbe heißen Florfliegen auch „Goldaugen".

Florfliegenlarven fressen Mengen von Blattläusen.

Leben im Untergrund

Zwar kann der Artenreichtum unserer Breiten einem Vergleich mit dem der tropischen Regenwälder bei weitem nicht standhalten. Untersuchen wir jedoch unseren Gartenboden einmal genauer, so entdecken wir darin eine geradezu erstaunliche Vielfalt verschiedener Organismen und Lebensformen.

Der Gemeine Erdläufer – ein Räuber mit Giftkiefern

Dem Bodenleben auf der Spur

Die Geheimnisse des Bodenlebens eröffnen sich uns erst, wenn wir in der Erde graben, Blumen pflanzen, Kartoffeln ernten oder Kompost abtragen. Doch die meisten Bodenlebewesen sind mikroskopisch klein, so daß wir sie mit bloßem Auge nicht erkennen können. Allein in einem Gramm Boden leben mehrere Milliarden Bakterien, außerdem viele andere Einzeller, hefeähnliche Pilze, Schimmelpilze und Algen. Sie bauen organische Substanzen um und ab und sorgen auf diese Weise für die Fruchtbarkeit des Bodens. Auch Regenwürmer – wahre Riesen unter den Bodenarbeitern – steuern ihren Teil dazu bei.

Zusammenarbeit Mund in Mund

Herabfallende Blätter und andere abgestorbene Pflanzenteile sind ein idealer Nährboden für die verschiedensten Lebewesen. Nachdem die äußere harte Haut der Blätter zuerst von Bakterien bearbeitet wurde und folglich zu faulen beginnt, kommt der nächste Abbautrupp zum Einsatz: Regenwürmer, Asseln, Tausendfüßer, Fliegenlarven und Schnecken zerlegen das verrottende Pflanzenmaterial weiter in seine Bestandteile. Einige von ihnen graben Gänge tief ins Erdreich und ziehen die Pflanzenteile hinein. Dabei sorgen sie gleichzeitig für eine gute Durchmischung der Erdschichten.

Jetzt werden weitere Kleinlebewesen als Zersetzer aktiv: Hornmilben, Springschwänze und andere nehmen sich der Hinterlassenschaften ihrer Vorgänger – von Pflanzenresten bis hin zu Kotbällchen – an. Und ein Ende der Freß- und Umbautätigkeiten ist noch lange nicht in Sicht. Bakterien und Pilze übernehmen schließlich den Abbau jener Reste, die die Bodenarbeiter nicht verdauen können. Verwertbares wird also immer und immer wieder „durchgekaut". Was wir schließlich als fruchtbare Erde schätzen, hat zuvor zahllose Därme durchlaufen.

Den Kompost unter die Lupe nehmen

Der Anstich eines Komposthaufens läßt mehrere Schichten erkennen. Von oben nach unten kann man den allmählichen Abbau von Blättern und anderen Pflanzenteilen verfolgen. Die unteren Schichten sind feuchter und dichter.

Auf den ersten Blick fallen größere Tiere wie Regenwürmer, Drahtwürmer, Asseln, Tausendfüßer, Schnurfüßer und Käferlarven auf. Schnurfüßer können mit ihren vielen Beinen bei der Fortbewegung im Boden enorme Kräfte entwickeln. Ihr Geruch ist ein wirkungsvoller Schutz vor Feinden, etwa den räuberischen Hundertfüßern.

Mit einer Lupe können wir auch Springschwänze, Bärtierchen und Milben im Komposthaufen erkennen. Die meisten Springschwanzarten sind deutlich kleiner als 1 cm. Alle tun sich – wie der Name schon sagt – durch ihr außergewöhnliches Sprungvermögen hervor. Die Freßfeinde der Springschwänze, die Pseudoskorpione, sehen zwar aus wie kleine Skorpione, besitzen aber keinen Giftstachel.

Darüber hinaus beherbergt ein Komposthaufen winzige Schnecken, Käfer, Insektenlarven und Pilze – weiße, flächige Geflechte.

Ein Komposthaufen ist eine Welt für sich. Nirgendwo sonst finden sich so viele Zersetzer; sie bauen organische Stoffe in ihre mineralischen Bestandteile ab.

Gesundheitspolizei: Totengräber auf einer Spitzmaus

Tausendfüßer: Zum Schutz vor Feinden rollt er sich ein.

Goldlaufkäfer: Der Räuber macht am Kompost reiche Beute.

Die Kumpel vom Untertagebau

Der Maulwurf hat sich auf das Leben im Boden eingestellt; er kommt selten ans Licht.

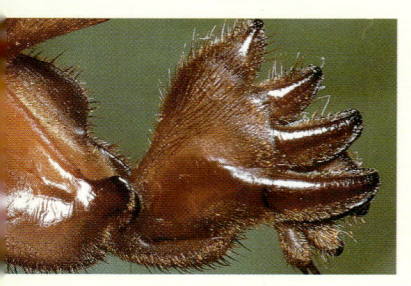

Ähnliche Grabwerkzeuge: Maulwurf, Maulwurfsgrille

Zwei Kumpel leben und wirken in unseren Gärten unter der Erde. Obwohl der eine kaum über ein besonders ansprechendes Äußeres verfügt, schätzt man als Gartenbesitzer seine Arbeit. Den zweiten wünscht man dagegen auch trotz seines seidenweichen Fells meist sonstwohin. Die Rede ist von Regenwurm und Maulwurf.

Würmer schreiben „Erdgeschichte"

Die Bedeutung der Regenwürmer wird nur allzuoft unterschätzt. Einer, der ihnen die gebührende Ehre zuteil werden ließ, war kein geringerer als der berühmte Biologe Charles Darwin. In seiner 1881 erschienenen Abhandlung über „Die Bildung der Ackererde durch die Tätigkeit der Würmer mit Beobachtung über deren Lebensweise" stellt er fest: „Man kann wohl bezweifeln, ob es noch viele andere Tiere gibt, welche eine so bedeutungsvolle Rolle in der Geschichte der Erde gespielt haben wie diese so niedrig organisierten Geschöpfe."

Ode an einen Wurm

Regenwürmer tragen entscheidend zur Fruchtbarkeit von Böden bei: Regenwurmreiche Böden werfen erheblich höhere Erträge ab als wurmarme Böden. Regenwürmer übernehmen in der „Bodenfabrik" gleich mehrere Jobs. Zum einen arbeiten sie als „Zersetzer". Auf ihren Kriechtouren durch den Boden verzehren sie Erde mitsamt dem darin enthaltenen faulenden Pflanzenmaterial. Sie fressen auch Fallaub und zerren es zu diesem Zweck in ihre Wohnröhre hinab. Im Regenwurmdarm werden die organischen Bestandsabfälle verdaut und zusammen mit der aufgenommenen Erde gründlich zu „Tonhumus-Komplexen" aufbereitet: Regenwurmkot ist also letztlich nichts anderes als Humus.

Durch ihre Freßgewohnheiten schichten die Regenwürmer den Boden ständig um. Zugleich lockern sie ihn durch ihr Gangsystem bis in tiefere Schichten auf. Gute Durchlüftung fördert auch das Wachstum der Bodenbakterien, die ihrerseits den Abbau organischer Stoffe in ihre mineralischen Bestandteile beschleunigen und sie so wieder dem allgemeinen Stoffkreislauf zuführen.

Als Rohrpost auf Regenwurmfang

Von Regenwürmern profitiert nicht nur der Gärtner. Für den Maulwurf stehen lichen Tast- und Geruchssinn ihres Rüssels, wenn sie mit ihrem walzenförmigen Körper wie eine Rohrpost durch ihr Gangsystem sausen, um Insekten, Engerlinge und eben Regenwürmer zu erbeuten. Bei Hochwasser bringen sie sich schwimmend in Sicherheit.

Maulwurfsgänge können bis zu 200 m lang sein.

Regenwürmer ziehen Grünfutter in ihre Wohnröhre.

sie ganz hoch im Nahrungskurs. Der Insektenfresser hat sich perfekt an ein Leben im Boden angepaßt. Seine Vorderbeine sind zu Grabschaufeln umgebildet. Mit ihrer Hilfe gräbt er sich seine Gangsysteme ins Erdreich. Sein kurzes, dichtes Fell hat keinen „Strich", so daß er sich in den engen Erdröhren genausogut vor- wie rückwärts bewegen kann. Augen nützen ihm unter Tage wenig. Sie sind winzig klein und tief im Fell verborgen. Maulwürfe verlassen sich ganz auf den hochempfind-

Regenwürmer sind für viele Tiere eine leichte Beute – auch für den Grasfrosch.

SOMM

E R

Das Leben im Garten hat sich jetzt in seiner ganzen Pracht entfaltet. Alles grünt und blüht. Schmetterlinge, Käfer und Libellen haben jetzt Hochsaison. Viele von uns flüchten vor der Tageshitze in den Schatten und werden erst am Abend richtig munter. In lauen Sommernächten steigt so manche Gartenparty. Auch viele Tiere sind zu später Stunde aktiv.

Schwalbenschwanz – attraktiver Gartengast

Streifzüge durch den sommerlichen Garten

Am Spätnachmittag sind jetzt einige Schnellflieger unterwegs. Neben den vertrauten, oft tieffliegenden Schwalben hören wir von ganz weit oben ein schrilles „sriih, sriih, sriih". Ein Pulk Mauersegler taucht am Himmel auf, um gleich wieder aus unserem Gesichtsfeld zu verschwinden. Bis zur Dämmerung erfreuen sie uns mit ihren Kunstflügen. Dann ist „Wachablösung": Abendsegler jagen nach Beute. Diese Fledermäuse werden aus der Ferne leicht mit Mauerseglern verwechselt. Kleinere, flatterhaftere Verwandte umrunden jetzt auch Bäume und Büsche in unserem Garten. Um welche Fledermausart handelt es sich (Flugbild, Größe, Verhalten)? Versuchen Sie auch die Schwalbenarten am Flug zu erkennen! Wie unterscheiden sich die Schwalben von den Mauerseglern?

Stimmen der Nacht

Auch ohne Partymusik und menschliches Stimmengemurmel ist der nächtliche Garten alles andere als geräuschlos. Heuschrecken und Grillen stimmen ihre Konzerte an, aus dem Gartenteich und vom nahen Weiher tönen die lauten Stimmen der Amphibien. Ganz besonders eindrucksvoll klingen die geheimnisvollen Rufe von Eulen und Käuzchen. Auch die Amseln scheinen nie schlafen zu gehen. Weit weniger melodisch als die genannten Lautäußerungen klingen die Geräusche von Igel und Marder. Versuchen Sie einmal, die Stimmen und Geräusche ihren „Urhebern" zuzuordnen.

Perfekte Tarnung: Birkenspanner-Raupe (oben), ausgewachsener Falter (unten)

Gelbe Schwertlilie – attraktiver Insektentreffpunkt

Rendezvous mit Lichtzeichen

Man kann sich aber auch ohne Geräusche im Dunkeln verständigen und finden. Das demonstrieren uns die Glühwürmchen an lauen Sommerabenden. Wo halten sich die „Blinker" im Garten auf? Betrachten Sie die Käfer einmal aus der Nähe und bei Licht!

Flugkünstler und Sonnenanbeter

Im Sommer geben sich viele Libellenarten am Gartenteich ein Stelldichein. Die rasanten Flieger sind noch viel wendiger als Hubschrauber. Langsam patrouillierend, suchen sie den Luftraum nach Beute ab oder vertreiben Konkurrenten aus ihrem Revier. Versuchen Sie, Groß- und Kleinlibellen zu unterscheiden! Eventuell gelingt Ihnen mit Hilfe von Bestimmungsliteratur auch die Artbestimmung. Wie paaren sich Libellen? Sammeln Sie einmal die leeren Larvenhäute (Exuvien) geschlüpfter Libellen von Pflanzenstengeln ab!

Auf Mauern und Steinen aalen sich jetzt Eidechsen in der Sonne. Neue Falter erscheinen im Garten – wenn auch oft nur für kurze Zeit. Der Schwalbenschwanz ist einer der auffälligsten und schönsten. Die ersten Vogelscharen versammeln sich schon an geeigneten Nahrungspflanzen. Welche sind das?

Der Waldkauz wird erst nachts aktiv.

Die Breitflügelfledermaus jagt in der Nacht nach Insekten.

Auf Partnersuche: Weibchen des Großen Leuchtkäfers

Treffpunkt Gartenteich

Wasser ist die Quelle allen Lebens – auch im Garten. Früher dienten Regenfaß und Wasserbecken nur dem Bewässern von Nutzpflanzen und Blumen, vor allem in Trockenperioden. Die heutigen Gartenteiche sind dagegen eher Ausdruck einer ungestillten Sehnsucht nach Naturnähe.

Natürlich angelegte Gartenteiche locken viele Tiere an.

Kleine und größere Wasserstellen bringen Vielfalt in den Garten. Tiere finden hier Nahrung, Unterschlupf, Trink- und Badeplätze sowie Raum für Balz und Jungenaufzucht. Die Anlage dieser Wasserstellen muß allerdings stimmen – die Tiere könnten sonst ertrinken.

Naturnahe Gartenteiche laden das ganze Jahr über zum Beobachten, Staunen und Meditieren ein. Natur pur kann man hier genießen – im Sommer sogar ganz bequem vom Liegestuhl aus. Gerade in dieser Jahreszeit sind schon flache Trink- und Badeschalen eine echte Attraktion.

Badefreuden für Vögel

Bäuchlings im Gras liegend, beobachten wir, wie gerade ein Haussperlings-Männchen auf dem Gartenweg landet. Mit drei Hüpfern erreicht es das Ufer unseres Gartenteichs. Während der Spatz mit den Zehen im Flachwasser steht, taucht er seinen Schnabel ins Wasser, hebt den Kopf an und läßt sich das kühle Naß in den Schlund rinnen. Mit ein paar kurzen „Drinks" ist sein Gastspiel jedoch keineswegs beendet. Nachdem er sich vergewissert hat, daß die Umgebung katzenfrei ist, watet der Spatz tiefer ins Wasser hinein, plustert sich auf, duckt sich und verspritzt mit den Flügeln das Wasser über den Rücken. Badevergnügen scheint anzustecken. Denn auf einmal gesellen sich noch zwei weitere Spatzen hinzu. Aus irgendeinem Grund geraten sie sich jedoch schnell in die Haare, pardon Federn, und stieben auseinander.

Gründlich waschen und trocknen

Das Bad dient der Haut- und Gefiederpflege. Hierbei gehen die Vögel sehr gründlich vor: Sie machen nicht bloß eine kurze „Katzenwäsche", sondern putzen mit Schnabel und Fußkrallen ihr Gefieder sehr ausgiebig. Sie stellen sogar die Federn auf, um auch die Haut darunter zu reinigen. Gleichzeitig sind sie immer darauf bedacht, nicht zu tief abzutauchen, um bei Gefahr noch durch einen Schnellstart fliehen zu können. Zum Trocknen fliegen die Vögel auf erhöhte Warten, z. B. Äste oder Zäune, und schütteln Wasserreste aus Flügeln und Schwanz. Der beim Aufplustern entstehende Luftstrom trocknet

Ein Haussperlings-Mann verbindet das Nützliche mit dem Angenehmen: Waschen und Abkühlen.

und ordnet ihr Gefieder. Um ihm den letzten Schliff zu geben, putzen sie sich abschließend noch einmal.

Nach Meinung von Fachleuten scheint nicht das Reinigen der Federn wichtigster Grund für ein Vogelbad, sondern möglicherweise die bessere Verteilung des Gefiederöls. Außerdem sind nasse Federn elastischer und lassen sich so vermutlich leichter in Form bringen.

Trockenreinigung: Hausspatz beim Staubbad

Aufs Baden folgt die Gefiederpflege: Schütteln, Aufplustern, Putzen.

TREFFPUNKT GARTENTEICH

Auch Eichhörnchen löschen an heißen Tagen ihren Durst am Gartenteich.

Neben dem Wasserbad kennen viele Vögel auch die Trockenreinigung. Lockere, trockene Erde von Beeten und Staub auf Wegen sind es, die sie zum Staubbad animieren. Unser Hausspatz von vorhin hat seinen idealen „Badeplatz" gefunden. Er dreht sich mehrmals um seine eigene Achse und wirbelt dabei ordentlich Staub auf. Auch die Streitereien von eben scheinen vergessen. Schon schließen sich ihm einige Artgenossen an. Dann fliegen plötzlich alle auf, um sich abschließend dem Putzen zu widmen.

Libellen am Teich

Im Hochsommer ist die Hauptsaison der Libellen. Die zahlreichen „Minihubschrauber" über dem Gartenteich muten mit ihrem rasanten Flug und den schillernden Farben wie fliegende Edelsteine an. Gelegenheit, die attraktiven Flieger gründlich zu betrachten, ist meist nur dann, wenn sie sich paaren oder für kurze Zeit auf einem Halm oder Stein niederlassen. Auch an einem kühlen Sommermorgen lassen sich Libellen gut beobachten, weil sie dann noch nicht allzu fluggewandt sind.

Das Interesse der Menschen an Libellen ist alt. Nicht umsonst hat man ihnen zahlreiche volkstümliche Namen gegeben. Wer als „Au-

Trinkendes Gimpelpaar: Brust und Wangen sind beim Männchen leuchtendrot, beim Weibchen bräunlich. Beide "tragen" eine schwarze Kappe.

genschießer" oder „Pferdestecher", als „Teufelsnadel" oder „Teufelsbolzen" bezeichnet wurde, dem war zwar große Aufmerksamkeit, aber sicher keine besondere Sympathie gewiß. Bis heute hält sich das Gerücht, Libellen könnten stechen. Auf diese Weise erlegten sie angeblich ihre Beute, könnten aber auch dem Menschen gefährlich werden. Dabei sind Libellen vollkommen harmlos. Der vermeintliche Stechapparat am Hinterende ist nichts anderes als der Legebohrer der Libellenweibchen.

Aber auch ohne „Stachel" sind die Flugkünstler erfolgreiche Jäger. Mit ihren großen Komplexaugen, die aus bis zu 30 000 Einzelaugen bestehen, erspähen sie selbst schnellfliegende Beute. Als „Beutegreifer" im Wortsinn packen sie im Flug blitzschnell mit ihren Beinen, so etwa Fliegen, Mücken, Köcherfliegen und Kleinschmetterlinge. Manchmal fallen ihnen auch sitzende Insekten und Spinnen zum Opfer. Und selbst andere Libellenarten – kleinere und sogar gleich große – sind vor den schillernden Jägern nicht immer sicher.

Wunder auf dem Wasser

Auch unsere Schwalben nutzen den Gartenteich. Sie steuern den bewuchsfreien Flachwasserteil im Tiefflug an, pflügen mit ihren Schnäbeln die Wasseroberfläche um und nehmen so im „Überflug" Wasser auf.

Auf Froschjagd im Gartenteich: Ringelnattern können gut schwimmen.

Auf und unter der Wasseroberfläche unseres Gartenteichs rührt sich so einiges. Langbeinige Insekten vollbringen ein wahres Wunder: Sie können über das Wasser gehen. Aber nicht Zauberei, sondern vielmehr ein physikalischer Trick liegt diesem Kunststück zugrunde. Die Tiere nutzen die Oberflächenspannung des Wassers aus. Damit sie nicht untergehen, fetten sie ihre Beine mit einem wasserabweisenden Sekret ein. Die zu den Wasserwanzen zählenden Gemeinen Wasserläufer, im Volksmund auch Schneider genannt, bewegen sich sehr schnell auf dem Wasser vorwärts. Sie erbeuten kleine, hineingefallene Insekten, halten sie mit den zu Fangbeinen umgestalteten kurzen Vorderbeinen fest und saugen sie aus. Teichläufer dagegen sind eher träge. Sie besitzen auch keinen speziellen Fangapparat, sondern spießen Wasserflöhe, Mückenlarven oder ertrunkene Insekten mit ihrem Rüssel auf. Ihre Eier kleben sie an die Unterseite von Wasserpflanzen.

Die Große Königslibelle legt ihre Eier ohne männliche Begleitung ab.

Stechmücke mit Eischiffchen

Larven und Puppen der Stechmücke hängen kopfunter.

Treffpunkt Gartenteich

Die Spitzhornschnecke lebt in pflanzenreichen, stehenden Gewässern.

„Haie" in Sicht

Einer der gefräßigsten Räuber in unserem Gartenteich ist der Gelbbrandkäfer. Mit großem Geschick jagt der gut 3 cm große Schwimmkäfer kleine Wassertiere aller Art, selbst kleine Fische. Die langen, breiten Hinterbeine nutzt er als Ruder. Der Gelbbrandkäfer fällt vor allem dann auf, wenn er hin und wieder an die Wasseroberfläche kommt und sein Hinterende herausstreckt, um seine Atmungsorgane (Tracheen) mit Luft zu füllen. Zusätzlichen Luftvorrat nimmt er unter seinen Deckflügeln mit. An Gefräßigkeit noch übertroffen wird der Gelbbrandkäfer von seiner Brut. Die Larven packen ihre Beutetiere mit ihren scharfen Kiefern, injizieren ihnen Verdauungsenzyme und saugen sie aus.

Der Gartenteich – ein Schnakenpfuhl?

Alle Jahre wieder, wenn wir im Hochsommer die Schlafzimmerfenster offenlassen, suchen uns kleine Plagegeister heim. Gemeint sind die Stechmücken, die uns so manche Nacht um den Schlaf bringen können. Sie entwickeln sich im Wasser, allerdings nicht vorrangig in Gartenteichen, wie vielfach angenommen wird. Hier haben die Mückenlarven nämlich genügend natürliche Feinde. Regentonnen, Wassereimer oder Gießkannen sind die eigentlichen Brutstätten. Nahezu konkurrenzlos vollziehen die Stechmücken darin ihre gesamte Entwicklung, vom Ei bis zum erwachsenen Insekt. Die Larven hängen in

Posthornschnecke – bekannte Tellerschnecke

Der Gelbrandkäfer überwältigt sogar Molche, hier einen Fadenmolch.

Wasserskorpione zählen zu den Raubwanzen.

Schräglage – mit dem Kopf zuunterst – unterhalb der Wasseroberfläche. Nur das Atemrohr an ihrem Hinterende strecken sie zum Luftholen aus dem Wasser heraus. Werden die Larven erschreckt, flüchten sie sich mit zuckenden Bewegungen zum Boden. Die Puppen hängen senkrecht unter der Wasseroberfläche. Durch ihr Atemhörnchen am Kopf, das aus dem Wasser herausragt, können sie wie durch einen Strohhalm atmen. Bei Störungen tauchen auch sie ab.

Blutrünstig sind nur die Frauen

Nur die weiblichen Stechmücken saugen Blut. Sie benötigen es zur Reifung ihrer Eier. Beim Stich injizieren die Weibchen ihren Speichel in die Wunde. Dieser enthält Stoffe, die die Blutgerinnung verhindern und die Blutaufnahme erleichtern. Gleichzeitig sind sie aber auch für den unangenehmen Juckreiz verantwortlich. Bis zum Herbst können sich mehrere Stechmücken-Generationen entwickeln.

Schneckenpost

Die schön gedrehten, tellerförmigen Posthornschnecken weiden unter Wasser gemächlich Algen und faulende Pflanzenteile ab. Obwohl sie über Lungen atmen, kommen sie nur selten an die Wasseroberfläche, um Luft zu holen. Sie können nämlich Sauerstoff nicht nur aus der Luft, sondern über die Haut auch aus dem umgebenden Wasser aufnehmen. Übrigens sind Posthornschnecken die einzigen einheimischen Schnecken, deren Blut – wie das des Menschen – durch den Blutfarbstoff Hämoglobin rot gefärbt ist.

Zwergrückenschwimmer

ZWEI FEUCHTE GESELLEN

Kaulquappen haben eine „Pille" zur Steuerung des Bevölkerungswachstums entwickelt. Ihr Kot wirkt wachstumshemmend auf jüngere Artgenossen.

Nachdem die „Tümpelwelle" über die Gartenlandschaften schwappte, sind Frösche als Gartenbewohner plötzlich populär geworden. Wenn der Froschkönig aus dem Märchen bei den überglücklichen Gartenteich-Erbauern dann endlich aus dem Wasser lugt, entpuppt er sich vielfach nicht als Prinz, sondern als Anlaß für teilweise heftige und lange nachbarschaftliche Streitereien.

Wasserliebende Hüpfer sorgen für Wirbel

Grund für die Bemühung von Justitia ist die ausgeprägte Ruffreudigkeit vieler Froschlurche zu bestimmten Jahres- und Tageszeiten. Was in den Ohren von Naturliebhabern wie Musik klingt, empfinden viele Zeitgenossen als puren Lärm. Nach der Auffassung der Gerichte stellt Froschgequake für Nachbarn eine „wesentliche Beeinträchtigung" dar; es ist allerdings in ländlicher Umgebung ortsüblich und daher zu dulden.

Nicht zu überhören

Die häufigsten Gartenteich-„besetzer" sind Grasfrösche. Im Gegensatz zu ihren Verwandten, den Wasserfröschen, brauchen sie Teiche nur als Winterquartier oder Kinderstube. Als Überlebenskünstler unter den einheimischen Amphibien ist der Grasfrosch vom Tiefland bis ins Hochgebirge verbreitet. Unsere Gartenteiche werden gerne von ihm akzeptiert, denn sie ähneln vielfach seinen natürlichen Laichgewässern. Während die Männchen im Flachwasser sitzen oder auf der Wasseroberfläche liegen, lassen sie ihre knurrenden Paarungsrufe gerne im Chor erklingen. Vor allem um die Mittagszeit und in der Dämmerung geben sie ihre Konzerte. Nach dem Laichgeschäft entfernen sich Grasfrösche zur Nahrungssuche oft weit vom Wasser. Auf ihrer Jagd nach Insekten, Spinnen, Landschnecken oder Asseln springen sie uns im Garten vor die Füße. Die geschlüpften Froschlarven, die Kaulquappen, ernähren sich vor allem von Algen, werden aber bei Überbevölkerung im Laichgewässer auch zu Kannibalen. Im Kampf um die Nahrung verspeisen sie nicht nur Laich und frischgeschlüpfte Larven der Verwandtschaft, sondern auch Spätentwickler der eigenen Art.

Gastspiel im Teich

Häufigster Molch im Gartenteich ist der in seinen Le-

Markante Kennzeichen
Der braun in braun gefleckte, bis zu 10 cm lange Grasfrosch hat mit seinen viel selteneren Kollegen, dem Moor- und dem Springfrosch, einen dunklen Augenstreifen gemeinsam, der fast bis zum Vorderbeinansatz reicht – ein sicheres Unterscheidungsmerkmal der Braunfrösche von den Grünfröschen. Deren Körperfärbung ist nämlich sehr variabel und reicht von Froschgrün über Gelblich bis zum satten Braun.

Grasfrösche – stets unter den ersten am Laichgewässer

Grasfrösche legen ihre Laichballen meist im Flachwasser ab. Kurze Zeit später steigen die Eier an die Oberfläche.

Teichmolch-Paar: Das Weibchen legt die Eier einzeln an den Blättern von Wasserpflanzen ab, die sie dazu einfaltet.

bensraumbedürfnisse wenig anspruchsvolle Teichmolch. Über ganz Mitteleuropa verbreitet, zudem noch recht wanderfreudig, findet er neue Tümpel-Angebote in Form von Gartenteichen. Als Wasser- und Hochzeitstracht tragen Teichmolche Schwimmhäute, die Teichmolchmännchen einen gewellten, gezackten oder glattrandigen Rückenkamm ohne Einkerbung im Schwanzwurzelbereich, wie es für den Kammolch typisch ist. Bauchseitig sind Teichmolche gelblich oder gelborange (Weibchen) bis intensiv orangerot (Männchen) gefärbt. Die schwarzen Flecken auf der Unterseite unterscheiden sie neben anderen Merkmalen vom Bergmolch. Anfang Februar wandern die unter Steinen, morschem Holz, gelegentlich auch im Teichboden überwinternden Tiere zum Laichgewässer. Die Eier werden einzeln mit den Hinterbeinen an die Blätter von Wasserpflanzen geheftet.

Winzige Krebstierchen stehen bei den Molchen, im Gewässerboden lebende und grabende Wirbellose bei ihren Larven auf dem Speiseplan. Da sie keine Konzerte geben, haben die im Garten lebenden Schwanzmolche keine Anfeindungen menschlicher Nachbarn zu befürchten.

Im Vergleich: rundliche Kaulquappe vom Grasfrosch (oben), längliche Larve vom Teichmolch (unten)

Sonnenhungrige und Schattensuchende

An Hitze und Trockenheit scheiden sich die Geister. Obwohl das schöne Sommerwetter lange herbeigesehnt wurde, stöhnen wir schon bald unter der Hitze und flüchten in den Schatten. Bei brütender Hitze sind fast nur noch Fluginsekten wie z. B. Schwebfliegen aktiv.

Nur ein verrückter Vogel scheint nicht genug von der Sonne zu bekommen: Ein Amselhahn duckt sich gerade auf dem Gartenweg nieder, breitet Flügel und Schwanz fächerförmig aus und streckt den Kopf genüßlich in die Sonne. Dabei hechelt er mit geöffnetem Schnabel.

Tagpfauenauge: Aufwärmen mit aufgeklappten Flügeln

Jeder schwitzt auf seine Weise

Wenn es uns Säugetieren zu heiß wird, fangen wir bald an zu schwitzen. Wir regulieren unsere Körpertemperatur mit Hilfe der dabei entstehenden Verdunstungskälte. Vögel dagegen besitzen keine Schweißdrüsen in der Haut. Ihre wirkungsvolle Methode zur Wärmeabgabe heißt Hecheln – eine Verhaltensweise, die viele Gefiederte schon gleich nach dem Schlupf beherrschen.

Zusätzlich können Vögel gegen Hitzeeinwirkung ihre Körpertemperatur noch um ca. 2 °C erhöhen. Gerne nehmen sie dieses „Fieber" in Kauf, denn dadurch wird das Temperaturgefälle nach außen verstärkt und der Wärmeabfluß letztlich begünstigt. Sie kühlen also paradoxerweise, indem sie heizen.

Schattiges Plätzchen gesucht

Die wechselwarmen Amphibien und Reptilien „erstarren", wenn die Außentemperatur unter bestimmte Werte sinkt. Sie können sich vor Beutegreifern nur schützen, indem sie sich verstecken und auf besseres Wetter hoffen. Trotzdem gehen natürlich auch bei den einzelnen Amphibien- und Reptilienarten die Wärmeansprüche weit auseinander. Im Garten können wir zwei nahe Verwandte mit ganz verschiedenen Vorlieben erleben. Neben den Zauneidechsen als ausgesprochenen „Sonnenkindern" mögen es die Blindschleichen eher etwas feuchter und kühler. Die beinlose Eidechsen-Verwandte schlängelt sich nicht gerade elegant durch ihr Reich, sondern kriecht eher steif und unbeholfen umher. Sie bevorzugt eine Umgebung mit genügend Wildwuchs zum Jagen langsamer Regenwürmer, Nacktschnecken und nachtklammer Insekten. Wo sie noch feuchten Mulm, Rindenstücke, Steine, verrottete Baumstämme und Erdlöcher als Tagesverstecke und Überwinterungsplatz vorfindet, fühlt sich *Anguis fragilis* auch in Gärten wohl.

Ihr wissenschaftlicher Name bedeutet „zerbrechliche Schleiche" und weist auf ihren Trick hin, beim Zugriff eines Räubers den zappelnden Schwanz als Ablenkmanöver zurückzulassen und sich selber in Sicherheit zu bringen. Ihr deutscher Name leitet sich vom althochdeutschen „Plintslicho" (blendender Schleicher) ab und spielt eigentlich auf ihre hübsch glänzende bleigrau-, kupfer- oder bronzefarbene Haut an. „Blind" ist die Schleiche nämlich keineswegs.

Von Schleichen und Schlangen

Die Blindschleiche ist mit den Eidechsen verwandt: Reste von Schulter- und Beckengürtel zeugen noch von ehemaliger Vierfüßigkeit. Außerdem kann sie ihre Augen öffnen und schließen, sie hat also keinen „starren" Schlangenblick. Auch die Kopfform unterscheidet sie von den Schlangen.

Ein Amselhahn „aalt" sich in der Sonne.

Der Schwalbenschwanz sucht im Garten nach Eiablageplätzen und Nektar.

Der Kleiber nimmt ein Sonnenbad im Baum. Durch Hecheln verschafft er sich Kühlung.

Blindschleichenweibchen mit Jungen: Die beinlosen Echsen sind schattenliebend.

Im Hochsommer ist Hauptsaison für Libellen.

Stammplatz auf dem „Heissen Stein"

Zauneidechsenmännchen: Auf besonnten Steinen tanken die wechselwarmen Reptilien Wärme.

Zauneidechsen messen samt Schwanz gut 20 cm. Männchen wie Weibchen sind auf der Oberseite vorwiegend grau bis braun gefärbt. Die Rückenmitte ziert ein breites braunes Band mit hellen Flecken. Nach der Häutung im April/Mai zeigen sich die Zauneidechsenmänner von ihrer farblich schönsten Seite. Flanken und Kehle ihres Hochzeitsschuppenkleides leuchten jetzt in auffallendem Grün; bei manchen „Rittern" wird sogar der Rücken grün.

Trocken, warm und ungestört – so sieht der ideale Lebensraum für Zauneidechsen aus. Trockenmauern, Lesesteinhaufen und ungenutzte Streifen entlang der Gartenzäune treffen genau ihren Geschmack.

Platz an der Sonne

Erst im Frühling, wenn die Sonne wieder Wärme spendet, kriechen die Zauneidechsen aus ihren Winterverstecken – unter Steinhaufen oder in Erdlöchern – hervor. Zunächst noch schwerfällig, suchen sie sonnige Plätze auf Wurzelstöcken oder Steinen auf. Sobald sie sich auf sonnigen Steinen aufgewärmt haben, kommen sie richtig in Schwung. Behende jagen sie verschiedensten Insekten – besonders Fliegen und Heuschrecken –, Spinnen, Tausendfüßern, Asseln und Würmern nach. Liegt die Lufttemperatur unter 30 °C, müssen Zauneidechsen zum Wärmetanken regelmäßig sonnenbaden. Aus Sicherheitsgründen wählen die Tiere ihre bevorzugten Sonnenplätze in der Nähe guter Verstecke.

Auf in den Kampf

Ihre „Rüstung" können sie jetzt gut gebrauchen, denn neben harmlosem Imponiergehabe geht es bei den Rivalenkämpfen um die Gunst des „Burgfräuleins" nicht gerade zimperlich zu. Von der Größe der Kämpfer einmal abgesehen – so manche Szene könnte glatt aus einem Horrorfilm stammen: Der Rivale wird bereits mit aufgeblähter Kehle empfangen. Im Nahkampf testen die Männchen gerne die Stabilität des gegnerischen Kopfes, indem sie ihn zwischen ihren kräftigen Kiefern in die Zange nehmen. Dabei verformt sich der Kopf des Widersachers oft beträchtlich, nimmt jedoch keinen weiteren Schaden.

Reptilien in Zahlen

In Deutschland, Österreich und der Schweiz leben insgesamt 16 Reptilienarten, davon 10 Schlangenarten (Ringel-, Schling-, Würfel-, Äskulap-, Viper-, Gelbgrüne Zornnatter sowie Kreuz-, Sand-, Wiesenotter und Aspisviper), 4 Eidechsenarten (Zaun-, Berg-, Mauer- und Smaragdeidechse), die Blindschleiche und die Sumpfschildkröte.

Zauneidechsen-Paar: Das Weibchen ist sehr dick und steht kurz vor der Eiablage.

Sogar das paarungsbereite Weibchen bekommt die Bisse seines Liebhabers zu spüren – allerdings in der Lendenregion und viel vorsichtiger dosiert ...
Bald nach der Paarung legt das Weibchen bis zu 15 Eier mit pergamenthäutiger Schale in ein mit den Hinterbeinen selbst gescharrtes Erdloch. Je nach Klima schlüpfen nach 7 – 10 Wochen die Eidechsenjungen. Sie sind von Anfang an „Selbstversorger" und verspeisen kleine Insekten.

Immer auf der Hut
Bei der Vielzahl ihrer Feinde – dazu zählen sogar gefräßige Artgenossen – ist äußerste Vorsicht geboten, ein ganzes Zauneidechsenleben lang. Die Schlingnatter hat sich ganz auf Eidechsen spezialisiert. Darüber hinaus schmecken sie auch vielen Vögeln, darunter Storch, Fasan, Elster, Krähe und Greifvögeln, gelegentlich auch Haushühnern und Kleinsäugern wie Igel und Marder. Wo jagdlustige Hauskatzen auf Beute lauern, haben Zauneidechsen nur eine Chance, wenn man ihr kleines Gartenreich mit Maschendraht nach allen Seiten schützt.

Zauneidechsen sind von Geburt an selbständig.

Nach 7 – 10 Wochen schlüpfen die jungen Zauneidechsen aus dem Ei.

Blüten und ihre Besucher

Blüten sind im Garten echte Treffpunkte. Mit ihren attraktiven Formen, Farben und Gerüchen wollen sie Bienen, Hummeln, Schmetterlinge, Käfer und Schwebfliegen von weit her anlocken, um von ihnen bestäubt zu werden.

Ein heißer Augustnachmittag. Als wir in die hitzeflimmernde Luft auf den Balkon hinaustreten, glauben wir zunächst an eine Halluzination: Vor uns steht ein winziger Vogel im Schwirrflug in der Luft, um mit seinem überlangen Schnabel aus einer tiefen Geranienblüte Nektar zu trinken. Kolibris in Mitteleuropa? Wenn wir's nicht selber gesehen hätten, würden wir's nicht glauben!

Hummelschwärmer – in warmen Sommern häufig

Taubenschwänzchens Verwirrspiel

Mit dieser Beobachtung stehen wir keineswegs alleine da. Doch bei dem Blütenbesucher handelt es sich nicht um einen Kolibri, sondern um das Taubenschwänzchen, einen Schmetterling. Seine Ähnlichkeit mit den amerikanischen Kolibris ist einfach verblüffend. Das Taubenschwänzchen ist aber nicht im entferntesten mit ihnen verwandt. Seine nächsten Verwandten gehören zur „Großfamilie" der Schwärmer. Von den weltweit 800 Arten sind in Europa gerade 21 Arten beheimatet. Die meisten Schwärmer leben in den Tropen. Und auch die „Europäer" bevorzugen eher wärmere südliche Gefilde.

Der Flugstil der Schwärmer ist nicht gaukelnd wie der der Tagfalter; da ihre Vorder- und Hinterflügel lange schlanke Tragflächen bilden, fliegen sie äußerst schnell und wendig. Aber nicht nur das – sie fliegen auch sehr weit. Selbst Hochgebirgspässe stellen für sie keine unüberwindlichen Hindernisse dar. Deshalb fliegen manche der bunten Arten regelmäßig aus Südeuropa bei uns ein, wie beispielsweise Totenkopf-, Liguster- und Oleanderschwärmer. Südeuropa ist auch die Heimat unseres Taubenschwänzchens. Jedes Jahr überqueren die Tiere der ersten Generation die Alpen und verbringen den Sommer bei uns. Sonnige, geschützte Flächen – bis in die höchsten Regionen – sind ihre bevorzugten Aufenthaltsorte. Im Gegensatz zu anderen Schwärmern sind Taubenschwänzchen tagaktiv und stehen selbst in größter Hitze schwirrfliegend vor ihren Nektarspendern. Das sind in der freien Natur Flockenblumen, Seifenkraut und Natternkopf, im Garten vor allem Geranien, Petunien, Phlox oder Schmetterlingsflieder.

Mit Scharfblick und kräftigen Muskeln

Der wissenschaftliche Name des Schwärmers – *Macroglossum stellatarum* – paßt sehr gut zu ihm. „Macroglossum" bedeutet „lange Zunge" und spielt auf seinen fast 3 cm langen Saugrüssel an. Er ist mit tast- und geschmacksempfindlichen Zellen gespickt und spürt selbst engste Blütenröhren auf. Zur Nek-

Die Taubenschwanz-Raupe lebt an Labkraut.

Taubenschwänzchen „stehen" im Schwirrflug vor Blüten und saugen Nektar.

Beerenwanze auf Löwenzahn

Sandbienen leben solitär.

tarentnahme wird er tief in sie hineingesenkt. Das Tanken in der Luft erinnert in der Präzision an das Andockmanöver eines Raumschiffs an eine Raumstation. Es gelingt nur im Zusammenspiel hochsensibler Sehorgane und einer leistungsfähigen Muskulatur. Die sogenannten „Superpositionsaugen" des Taubenschwänzchens haben ein hervorragendes Auflösungsvermögen und sind sehr lichtempfindlich. Sie ermöglichen dem Schwärmer, selbst bei schnellem Flug und in der Dämmerung scharf zu sehen. Da sich die Blüten im Wind leicht bewegen, ist räumliches Sehen eine Voraussetzung für das „Nachführen" des Saugrüssels. Kräftige Muskeln sorgen nicht nur für die hohe Schlagfrequenz beim Schwirrflug; spezielle Steuermuskeln erlauben auch das präzise Ansteuern der Blüten auf den Millimeter genau – sogar im „Rückwärtsgang". Diese enormen körperlichen Anstrengungen sind ausgesprochen energieaufwendig. Zwar kann das Taubenschwänzchen selbst unter schwierigsten Bedingungen innerhalb von zwei Sekunden eine Blüte anfliegen und ihren gesamten Zuckertreibstoff leersaugen. Doch erst einmal in Aktion, muß es, ähnlich wie die Kolibris, sein „Triebwerk" möglichst lange am Laufen halten. Denn längere Stops würden zum Auskühlen der „Flugmaschinerie" führen. Und sie durch Muskelzittern wieder von neuem auf Betriebstemperatur aufzuheizen, wäre viel zu energieaufwendig. Der Schwirrflug hat übrigens einen unbestreitbaren Vorteil. Da Taubenschwänzchen dabei immer etwas auf Distanz zu den Blüten bleiben, sind sie vor

BLÜTEN UND IHRE BESUCHER

Die Honigbiene verstaut die Pollenkörner in den beiden „Körbchen".

Boretschblüte mit Honigbiene

gut getarnten Krabbenspinnen und – besonders im Süden – vor lauernden Gottesanbeterinnen sicher.

Woran sich Raupen laben

Wo im Garten neben den „Blütentankstellen" noch Labkräuter an sonnigen Standorten wachsen, pflanzen sich Taubenschwänzchen auch fort. Von Juni bis September finden sich die grünen, unbehaarten Raupen mit ihrem charakteristischen Horn am Hinterende an den Futterpflanzen. Vor der Verpuppung färben sie sich braunrot. Ob sich die Puppen in Schmetterlinge verwandeln, hängt vom Witterungsverlauf ab. Möglicherweise schaffen einige Taubenschwänzchen sogar den Weg zurück in die angestammte Heimat. Sicher wandern jedoch einige der Schnellflieger im kommenden Jahr wieder bei uns ein.

Geschäftiges Treiben

Noch andere Insekten stehen schwirrend vor den Blüten in unserem Garten: die häufig wespenähnlich gezeichneten Schwebfliegen. Sie zählen zu unseren wichtigsten Blütenbestäubern. Ihre zum Teil auffällig bunt gefärbten Larven vertilgen zudem noch ansehnliche Mengen an Blattläusen. Die Larven entwickeln sich am Wasser, in Gülle, Dung und sogar in Nestern sozialer Hautflügler.

Ohne Fleiß kein Preis

Noch wertvollere Dienste bei der Blütenbestäubung leistet die Honigbiene. Ihr Fleiß ist schon sprichwörtlich. Gleichzeitig liefert sie den Menschen seit Jahrtausenden Honig und Wachs. Während frühe Jäger und Sammler wilde Bienenstöcke lediglich ausplünderten, entwickelte sich mit dem Übergang zur seßhaften Lebensweise allmählich eine planmäßige Bienenhaltung: Die Honigbiene wurde zum „Haustier". Auch wenn die Flug- und Sammelaktivität von Hummeln effizienter ist, bleibt ihre Bestäubungsleistung letztlich hinter der von Honigbienen zurück. Dafür gibt es mehrere Gründe. Honigbienen überwintern

Auch Wildbienen sind wichtige Bestäuber.

– im Gegensatz zu Hummeln – als Volk. Daher können sie bereits im Frühjahr ein ansehnliches Heer von Bestäubern stellen. Darüber hinaus verfügen Honigbienen über ein einzigartiges Kommunikationssystem: Sie können ihren Artgenossen durch verschiedene Tänze Richtung, Entfernung und Ergiebigkeit von Nahrungsquellen mitteilen. Nur die lohnendsten Stellen fliegen sie auch an. Liegt eine Futterquelle in unmittelbarer Nähe des Bienenstocks, beschreibt die Kundschafterin kreisförmige Figuren. Ist die Futterquelle weiter entfernt, führt sie anstelle des Rundtanzes einen Schwänzeltanz auf. Sie beschreibt dann die Figur einer gestauchten 8. Diese Art der Verständigung ermöglicht es den Honigbienen auch, innerhalb kürzester Zeit neue ergiebige Nahrungsquellen zu finden. Honigbienen haben zudem ein hervorragendes Zeitgedächtnis: Sie suchen ihre Futterpflanzen immer nur zu bestimmten Tageszeiten auf – dann nämlich, wenn diese am reichlichsten Nektar und Pollen produzieren. Und noch eine Besonderheit zeichnet die Honigbiene als unentbehrliche Bestäuberin aus: Sie ist blütenstet, d. h. die Sammlerinnen eines Bienenvolkes suchen ein und dieselbe Pflanzenart solange auf, bis ihre Nektar- und Pollenvorräte zur Neige gehen. An welchen Blüten Bienen gerade naschen, verrät die Farbe ihres Pollenhöschens. Goldgelb sind sie von der Hasel, schwefelgelb von Apfelblüten, orangegelb vom Löwenzahn und rötlich von der Taubnessel. Die Pollenhöschen der Hummeln dagegen sind meist mischfarbig und zeugen vom Besuch verschiedener Blütenpflanzen. Zugleich sind Honigbienen an unterschiedlichste Blütenformen angepaßt und können verschiedenste Pflanzenarten bestäuben.

Wilde Blütengäste

Auch Wildbienen ernähren sich von Pollen und Nektar und versorgen, soweit sie nicht – wie die sogenannten Kuckucksbienen – Brutschmarotzer sind, damit ihre Nachkommen.

Fleißige Steinhummel

Ackerhummeln – häufig an Taubnesseln, Klee, Wicken und Obstbäumen

BLÜTEN UND IHRE BESUCHER

Der Perlmutterfalter ist der Veränderlichen Krabbenspinne direkt „in die Arme" geflogen.

Die Länge des Saugrüssels entscheidet darüber, welche Blüten angeflogen werden. Ist der Rüssel kurz, fällt die Wahl auf Blüten, deren Nektarquelle leicht zugänglich ist. Auch was das Sammeln von Pollen anbelangt, ist das Blütenspektrum der Wildbienen begrenzt. Manche tragen „ihre" Pollenquelle sogar im Namen, wie z. B. die Zaunrüben-Sandbiene oder die Natternkopf-Mauerbiene. Wildbienen ernten den Pollen mit den Mundwerkzeugen, dem Kopf, den Beinen, dem Hinterleib und sogar mit dem ganzen Körper. Nach der Art und Weise ihrer Pollen-Erntetechnik unterscheidet man Kropfsammler, Beinsammler und Bauchsammler. Die Wildbienen schließen mit ihren vielfältigen Sammelmechanismen die Lücken, die die Honigbienen und andere Insekten bei der Bestäubung vieler Wild- und Kulturpflanzen offenlassen.

Kunterbunte Gesellschaft

Außer den Bienen, Hummeln, Schmetterlingen und Schwebfliegen finden sich auch einige Käfer gerne auf Blüten ein, z. B. Vertreter der Blatt-, Bock- und Weichkäfer. Sie sind Pollenfresser und besuchen vor allem die Blüten von Doldenblütlern, Korbblütlern und Sträuchern. Besonders der Schmalbock ist ein regelmäßiger Blütenbesucher, der dort von Juni bis August seine Mahlzeiten einnimmt. Gar nicht selten taucht der goldgrün-metallisch schillernde Moschusbock in Gärten auf. Er lebt auf Blüten, saugt aber auch an blutenden Bäumen. In den Sommermonaten läßt sich der träge Rosenkäfer blicken, der gerne die Kronblätter von Blüten frißt. Er kann fliegen, ohne seine Deckflügel anzuheben. Seitliche Aussparungen daran ermöglichen ihm die ausreichende Beweglichkeit seiner Hinterflügel. Weichkäfer finden sich oft in hoher Zahl auf Blüten ein, um dort andere Insekten zu jagen. Der Pinselkäfer sitzt gerne in Blüten. Mit seinen gelb-schwarzen Streifen und der Behaarung gleicht er entfernt einer dicken Wespe. Auch der Bienenwolf – ein heimischer Buntkäfer – lebt auf Blüten und frißt neben Blütenstaub auch andere Insekten. Wie der Wolf im Schafspelz schmuggeln sich seine Larven bei Solitärbienen und in Bienenstöcke ein und fallen dort über Larven, Puppen und erwachsene Bienen her.

Mit List und Tücke

Eine besonders raffinierte Räuberin ist die weibliche Krabbenspinne. Sie lauert in Blüten auf unvorsichtige Besucher, die sie mit ihren langen Beinen ergreift, um sie auszusaugen. Sie kann ihre Farbe in wenigen Tagen der Blütenfarbe anpassen, von Leuchtendgelb über Gelbgrün bis hin zu Weiß. Über ihre Augen gesteuert, werden dazu Farbstoffe in den Hautzellen ein- und umgelagert. Die kleineren Männchen sind grün und beherrschen diesen Farbwechsel nicht.

Eine Schwebfliege sucht in einer Malvenblüte nach Nektar.

Pinselkäfer ernähren sich von Blütenpollen.

Rosenkäfer fressen die Kronblätter mancher Blüten.

Täuschen, Tarnen, Warnen

Viele von uns kennen dieses Phänomen aus Naturfilmen: Tiere und Pflanzen täuschen nach allen Regeln der Kunst – Beutetiere werden ausgetrickst, Feinde abgeschreckt.

Eine Fangheuschrecke ahmt in Körperform und -farbe die Vegetation ihrer Umgebung so perfekt nach, daß ihr die Beute unbedarft in die Arme läuft. Oder eine harmlose Schlange gleicht bis aufs I-Tüpfelchen einer hochgiftigen Verwandten. Solcherart Tarn- und Warnkunst bezeichnet man als Mimikry. Auch im eigenen Garten finden wir dafür viele Beispiele.

Hornissenschwärmer – dem Vorbild täuschend ähnlich

Schau mir auf die Augen, Kleines

Seelenruhig sitzt ein Tagpfauenauge an einer Blüte und nascht Nektar. Seine Flügel hat es dabei über dem Körper zusammengeklappt. Da nähert sich ein Vogel. Als er den Schmetterling schon packen will, öffnet dieser blitzschnell seine Flügel und präsentiert dem Feind seine Augenflecken. Erschrocken sucht der Vogel daraufhin das Weite.

Augenflecken sind ein wirkungsvoller Schutz vor dem Gefressenwerden. Deshalb tragen viele Insekten und ihre Raupen derartige Nachahmungen von Wirbeltieraugen. Sie stellen für Vögel einen Schlüsselreiz dar: Die Augen eines Todfeindes signalisieren höchste Gefahr.

Mit Schwarz-Gelb gut beraten

Weit verbreitet unter giftigen oder ungenießbaren Insekten sind schwarz-gelbe Streifenkostüme. Diese Aufmachung hat gleich zwei entscheidende Vorteile: Einerseits tarnen Streifen auf Entfernung ausgezeichnet – sie verwischen die Konturen –, andererseits springen sie im Nahbereich förmlich ins Auge. Vielen Räubern ist das Mißtrauen gegenüber Streifenkostümen angeboren – der Abschreckungseffekt ist somit gewährleistet. Wie tief die Abneigung gegen Streifen sitzt, beweisen Versuche mit Staren und Hühnern, denen man heißbegehrte Leckerbissen, nämlich Mehlwürmer, anbot – allerdings schwarz-gelb bemalt. Die Vögel weigerten sich standhaft, die vermeintlichen Gifttiere zu vertilgen.

Die Tricks der Trittbrettfahrer

Während Gifttiere bestens für die Giftherstellung und den Gifteinsatz ausgerüstet sind – wer ist nicht schon einmal von einer Wespe gestochen worden –, vertrauen einige harmlose Arten allein auf die abschreckende Wirkung von Signalfarben, ohne jedoch selber den Aufwand der Giftherstellung zu betreiben. Sie imitieren lediglich die Kostüme von Gifttieren. So bluffen harmlose Schwebfliegen mit Wespentracht. Der Hornissenschwärmer – ein Schmetterling aus der Familie der Glasflügler – gleicht seinem giftigen Vorbild fast aufs Haar: Seine extrem schmalen Flügel sind durchsichtig, der Körper ist schwarz-gelb gestreift.

Ausgetrickste Trickbetrüger

Nun ist es mit dem giftigen Schein allein nicht getan. Die Rechnung von Täuschern kann nur aufgehen, wenn ihre Originale häufiger vorkommen als die Fälschungen. Ansonsten würden die Räuber rasch begreifen, daß sie an der Nase herumgeführt werden und der Wohlgeschmack die Regel, die Ungenießbarkeit dagegen die Ausnahme ist. Außerdem halten sich längst nicht alle Räuber an die Spielregeln. Der Bienenfresser z. B. schlägt seine Beutetiere – egal ob giftig oder nicht – mehrmals auf eine harte Unterlage. Hierbei wird der Stechapparat von Bienen oder Wespen zerstört.

Krabbenspinne „ganz in Weiß" – so gut getarnt eine tödliche Gefahr für die Honigbiene

Gabelschwanz-Raupe mit roten Schwanzanhängen: Bei Gefahr hebt sie den Kopf an und stellt die Schwanzgabel auf. So schreckt sie erfolgreich Feinde ab.

Der Mondvogel gleicht einem abgebrochenen Zweig.

Kleines Nachtpfauenauge, Weibchen (links) und Männchen (rechts): Die „Augen" auf den Flügeln imitieren Wirbeltieraugen.

HORNISSEN – EIN VOLK MACHT STAAT

Hornissennest in einem Apfelbaum. Als Ersatz dienen auch Nistkästen und Gebäude.

Auf unserem Weg zum Gartenhäuschen überholt uns plötzlich ein riesiges Insekt. Der schwarz-gelbe Brummer steuert gezielt ein Loch in der Holzverkleidung unter dem Gartenhausdach an, um darin zu verschwinden. Hornissen in unserem Garten! Sofort fallen uns dazu die üblichen Horrorgeschichten ein. Ist es nicht so, daß bereits drei Stiche einen Menschen, sieben Stiche sogar ein Pferd töten können? Nach dem ersten Schreck siegt jedoch wieder unser Verstand. Schließlich haben wir schon mehrfach gelesen und gehört, daß Hornissenstiche nicht gefährlicher als Wespen- oder Bienenstiche sind. Nur Menschen, die auf Insektenstiche allergisch reagieren, müssen sich besonders vorsehen.

Emsige Arbeiterinnen

Mit der Beruhigung wächst unsere Neugier. Wir treten etwas näher an den Hornissenunterschlupf heran und können jetzt erkennen, daß sich hinter dem Einflugloch ein Wabenbau befindet. Schon kommt eine zweite Hornisse aus dem Garten angeflogen. Ähnlich einem Versorgungshubschrauber trägt sie zwischen ihren Kiefern eine fette grüne Raupe.

Arbeiterinnen gehen auf Beutezug, bewachen das Nest, versorgen die Brut und bauen das Papierhaus aus.

Die Nachkommen werden mit tierischem Eiweiß versorgt. Hier zerteilen zwei Hornissen eine erbeutete Heuschrecke.

Ein starkes Hornissenvolk von ungefähr 600 Tieren verfüttert am Tag leicht ein Pfund Insekten an die Nachkommenschaft. Weil sie eine Vielzahl von Insekten jagen, vor allem verschiedene Fliegen und Raupen, leisten Hornissen wertvolle Dienste bei der natürlichen Schädlingsbekämpfung im Garten.

Das Hornissenjahr

Auf dem Höhepunkt ihrer Volksentwicklung im September/Oktober – und dann werden Hornissen in menschlicher Nachbarschaft meist erst entdeckt – neigt sich ein Hornissenjahr schon seinem Ende zu. Aus den zuletzt von der Hornissenkönigin gelegten Eiern schlüpfen Larven, die sich nach knapp zwei- bis dreiwöchiger Pflege einspinnen und nach weiteren 14 Tagen in Männchen und junge Königinnen verwandeln. Mit dem Start zu ihren Hochzeitsflügen hat das alte Volk langsam ausgedient und geht bis Ende Oktober allmählich zugrunde. Den bevorstehenden Winter überleben nur die begatteten jungen Königinnen. Als Überwinterungsverstecke suchen sie sich Baum- oder Mauselöcher.

Ein Heim aus Papier

Im nächsten Frühjahr macht jede Hornissenkönigin – ganz auf sich allein gestellt – einen geeigneten Neststandort ausfindig. Doch natürliche Nistplätze wie verlassene Spechtlöcher oder alte, hohle Bäume sind in unserer Landschaft Raritäten. Notgedrungen errichten die Königinnen daher ihren Wabenbau häufig auf Dachböden, in Gartenhütten, Vogelnistkästen oder sogar in Rolladenkästen. Nicht immer haben diese Hohlräume ausreichende Dimensionen. In so einem Fall wird einfach an die Außenwände, etwa von Meisen- oder Fledermaus-Nistkästen, angebaut.

Die Nester werden aus Holz gefertigt, das die Hornissen mit Speichel versetzen und zu einer papierartigen Masse zerkauen. Beginnt die Königin den Nestbau noch allein, so übernehmen später die aus der ersten Brut geschlüpften Arbeiterinnen diese Aufgabe. Sie sorgen auch für die Nachkommenschaft und die laufend erforderlichen Erweiterungen des Wabenbaus.

Hornissen mögen auch Obst.

Säfte von Bäumen und Früchten dienen Hornissen als Flugtreibstoff.

Schmetterlinge – Wesen mit zwei Seelen

Von der bezaubernden Schönheit der Schmetterlinge fühlen wir uns unwillkürlich angezogen. Die bunten Gaukler werden mit so klangvollen Namen wie „Blumen mit Flügeln" oder „Sommervögel" belegt.

Schmetterlinge haben Dichter und Denker seit jeher inspiriert. Der Schriftsteller Hermann Hesse bekannte seine Hingezogenheit „zu Schmetterlingen und anderen flüchtigen und vergänglichen Schönheiten" und machte sie in seinem Gedicht „Blauer Schmetterling" unsterblich.

Raupen in Gefahr

Die Worte Buddhas „Esset und trinket und befriedigt eure Lebensbedürfnisse wie der Schmetterling, der nur von Blumen nascht, aber weder ihren Duft raubt, noch ihr Gewebe zerstört" lassen einen wesentlichen Aspekt des Falterdaseins außer acht: Die zarten Schuppenflügler gehen aus gefräßigen Raupen hervor und sind selbst nur die oft kurzlebigen Fortpflanzungsstadien. Dennoch sind Schmetterlingsraupen, auch wenn sie so gefräßig wie die berühmte Raupe Nimmersatt sind, meist stark an bestimmte Futterpflanzen gebunden. Der aus Südeuropa stammende Schmetterlingsflieder etwa ist für die Fortpflanzung der Falter wertlos. Der Exot lockt zwar zahllose ausgewachsene Falter auf der Suche nach Nektar in den Garten, keiner von ihnen legt jedoch an diesem Strauch seine Eier ab. Fremdländische Pflanzen können für heimische Schmetterlinge mitunter sogar fatale Folgen haben. So legen die Weibchen des Kleinen Schillerfalters ihre Eier an den bei uns beliebten Hybrid-Pappeln ab. Die jungen Raupen können die Pappelblätter mit ihren zarten Mundwerkzeugen jedoch nicht durchbeißen und müssen elendig zugrunde gehen. Offensichtlich können die Schillerfalterweib-

Mittlerer Weinschwärmer: Raupe mit Augenflecken

Auf dem Kunigundenkraut konnten schon bis zu 65 Falter pro Minute gezählt werden.

Mittlerer Weinschwärmer auf Clematis

Schwalbenschwanz – frisch geschlüpft

chen die dickeren Blätter der fremdländischen Hybrid-Pappel nicht von den dünneren Blättern der heimischen Pappel unterscheiden.

Verlockende Angebote

Unseren Garten können wir ganz gezielt in eine „Blüteninsel" verwandeln, deren reichhaltiges Nektarangebot die bunten Gaukler vom zeitigen Frühjahr bis in den Spätherbst hinein anlockt. Der Typ „Trichter- oder Stieltellerblume" kommt den Naschbedürfnissen der Schmetterlinge sehr entgegen. Tagfalter sprechen besonders auf rote Farbtöne an, Nachtfalter dagegen auf stark duftende Blüten in weißen, gelben und blaßpurpurnen Tönen, die das UV-Licht kräftig reflektieren. Hochgezüchtete gefüllte Blumensorten eignen sich meist weniger. Ihre Farbenpracht und die zusätzlichen Blütenblätter gehen häufig auf Kosten von Duft und Nektar.

Gedeckte Tische in jeder Saison

Das Falterjahr beginnt im Garten mit der Primelblüte. Die Zitronenfalter haben die ver-

Der Goldafter lebt in Parks und Obstgärten.

Der Stachelbeerspanner ist heute selten geworden.

Zitronenfalter – einfach unverkennbar

Streckfuß-Raupe – behaart und schwer genießbar

SCHMETTERLINGE – WESEN MIT ZWEI SEELEN

Aurorafalter: Männchen mit weiß-orangefarbenen Vorderflügeln

Hauhechel-Bläuling: Männchen blau, Weibchen bräunlich gefärbt

Kohlweißling: Eier an Futterpflanze

Die Raupen leben an Kreuzblütlern, z. B. Kohl.

gangenen Monate in Winterstarre verharrt und zählen neben Bienen und Wollschwebern zu den ersten Blütenbesuchern. Oft müssen sie viele Kilometer zurücklegen, ehe sie die nächste Nektarquelle erreichen und dort neue Kräfte sammeln können. Auch die Kätzchen der Salweide sind eine der ersten Nektartankstellen. Sie spielen für Zitronenfalter, Großen und Kleinen Fuchs, Tagpfauenauge, C-Falter und Trauermantel sowie für einige Nachtschmetterlinge aus der Familie der Eulen eine wichtige Rolle. Bald darauf saugen auch die ersten Weißlinge am Kriechenden Günsel. Für Nachtfalter wird der Garten erstmals im April/Mai interessant, wenn Obstbäume und Fliederstrauch in voller Blüte stehen. Sommerblüten locken schließlich die meisten Arten an. Wenn dann im Herbst Studentenblumen und Astern blühen, bevölkern nur noch wenige Schmetterlingsarten wie Kleiner Fuchs, Tagpfauenauge, Admiral und Gamma-Eule unseren Garten. Dann verschwinden auch sie, um in ihre Winterquartiere aufzubrechen.

Kein Platz für Falterkinder

Nur wenige Tagfalterweibchen finden in unseren Gärten geeignete Pflanzen, um daran ihre Eier abzulegen. Raupen fressen näm-

Ein Faden gibt der Gürtelpuppe Halt.    Weibchen des Großen Kohlweißlings auf Schmetterlingsflieder

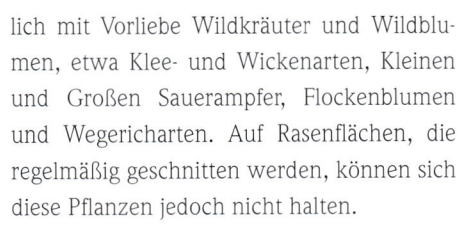

lich mit Vorliebe Wildkräuter und Wildblumen, etwa Klee- und Wickenarten, Kleinen und Großen Sauerampfer, Flockenblumen und Wegericharten. Auf Rasenflächen, die regelmäßig geschnitten werden, können sich diese Pflanzen jedoch nicht halten.

Weißlingsraupen haben es dagegen leichter. Sie richten sich auf Kohlpflanzen häuslich ein. Pflaumenfalter, Zipfelfalter und Nierenfleck wickeln dort, wo Zwetschgen- und Pflaumenbäume im Garten stehen, ebenfalls ihren gesamten Lebenszyklus ab. An Efeu, Kornelkirsche und Hartriegel entdecken wir manchmal die Raupe des Streupunkts – eine der wenigen Bläulingsraupen Mitteleuropas, die auf Gehölzen lebt. Im Möhrenbeet sind sporadisch Schwalbenschwanzraupen zu finden.

Nektarspender für Tag- und Nachtschmetterlinge

<u>Zierpflanzen:</u> Blaukissen, ungefüllte Dahlien, Echtes Geißblatt, Edeldistel, Fetthenne, Fuchsien, Goldlack, Herbstastern, Kapuzinerkresse, Krokus, Kugeldistel, Kunigundenkraut, Leberbalsam, ungefüllte Nelken, Petunien, Phlox, Prachtscharte, Primeln, Schmetterlingsflieder, Silberblatt, Spornblume, Steinkraut, Strauchveronika, Studentenblume, Taglilie, Thymian, Wunderblume, Ziertabak.

<u>Wildpflanzen:</u> Disteln, Wilder Dost, Wiesen-Flockenblume, Wald-Geißblatt, Goldrute, Johanniskraut, Wilde Karde, Nickendes Leimkraut, Taubenkropf-Leimkraut, Weißes Leimkraut, Kuckucks-Lichtnelke, Rote Lichtnelke, Nachtkerze, Natternkopf, Karthäuser-Nelke, Wiesen-Salbei, Echtes Seifenkraut, Skabiose, Teufelsabbiß, Weidenröschen, Zaunwinde.

Stationen eines Falterlebens

Kleiner Fuchs, frisch geschlüpft: Sein farbenprächtiges Schuppenkleid leuchtet weithin.

Die Eier werden an Brennesselblättern abgelegt.

Gespinst der Fuchs-Raupen

Die meisten Tagfalter halten im Sommer Hochzeit. Der Kleine Fuchs allerdings tanzt aus der Reihe: Er hat als fertiger Falter in hohlen Bäumen, unter loser Rinde oder auch auf dem Dachboden überwintert und kann deshalb schon sehr früh im Jahr die Flugsaison eröffnen.

Flugspiele mit Folgen

Sobald die ersten Sonnenstrahlen die Luft erwärmen, tauchen die Kleinen Füchse im Garten auf. Jetzt können wir beobachten, wie ein Falter seinem „Vordermann" hinterherfliegt – wie durch einen unsichtbaren Faden mit ihm verbunden. Was nach „Abschleppdienst" aussieht, ist auch einer: Zwei Kleine Füchse beim Balzflug. Das Männchen folgt seiner „Füchsin" beharrlich durch die Lüfte, bis beide ihr Liebesspiel am Boden mit Flügelzittern und Antennenspielen fortsetzen. Zur Kräftigung saugen die Kleinen Füchse zwischendurch an Huflattich oder Weidenkätzchen.

Etwas später im Jahr treffen wir das Weibchen an Brennesselstauden in sonnigen trockenen Gartenecken wieder. Von seinem feinen Geruchssinn geleitet, legt es seine winzigen Eier in Häufchen von etwa 200 Stück an der Unterseite von stark besonnten Brennesselblättern ab. Die Fuchs-Räupchen schlüpfen gleichzeitig aus ihren Eiern und beginnen sogleich, ihre Futterpflanzen abzuweiden. Dank ihres enormen Appetits wachsen die Raupen rasch. Nach der zweiten Häutung sind sie durch ihre gelben Längsstreifen unverwechselbar. Gespinstfäden, die sie beim „Weiden" verspinnen, überziehen schon bald den ganzen Brennesselbusch. Das Raupengespinst bietet Schutz vor Freßfeinden. Auch für schlechtes Wetter haben die Fuchs-Raupen ein Rezept: Regentage verbringen sie in tütenförmig zusammengesponnenen Brennesselblättern.

Wie Phoenix aus der Asche

Sind die Raupen erwachsen, suchen sie sich ein Verpuppungsquartier – meist an Brennesselstengeln – und befestigen ihr Hinterleibsende mit einem Gespinstpolster an der Unterlage. Die „Stürzpuppen" hängen kopfunter und frei an der Pflanze. Während der Puppenruhe vollzieht sich die wundersame Verwandlung von der Raupe zum Schmetterling, Metamorphose

"Abgeflogener" Falter mit verblaßtem Schuppenkleid und lädierten Flügeln

Bizarre Stürzpuppen mit metallischen Flecken

genannt. Typische Raupengewebe und -organe werden aufgelöst, die Organe des Falters neu gebildet, bis schließlich der fertige Schmetterling seiner Puppenhülle entsteigt.

Die Kleinen Füchse, denen wir im Spätsommer auf den Feldern an Klee und Luzerne oder in unserem Garten an Staudenastern und Schmetterlingsflieder begegnen, sind Tiere der zweiten Faltergeneration. Sie werden bald nach einem sicheren Winterversteck Ausschau halten, um im kommenden Jahr wieder mit ihren Balzflügen den Vorfrühling einzuläuten.

Der verwandelte Falter zwängt sich aus seiner engen Puppenhülle.

GARTEN BEI NACHT

Mysteriöse Lichtzeichen, seltsame Laute, wunderbare Gesänge – in lauschig-warmen Sommernächten bietet unser Garten viel fürs Auge, aber noch mehr fürs Ohr und fürs Gefühl.

Meistersängerin: Nachtigall in Pfaffenhütchen

Glühwürmchen flimmere ...

Unvermittelt blitzen schwache Lichter hier und da im Dunkel auf: Glühwürmchen machen ihrem Namen alle Ehre. Ihr Leuchten erweckt in uns leicht romantische Gefühle. Damit sind wir Sinn und Zweck der Leuchtsignale unbewußt auf der Spur. Die Leuchtkäfer der Familie *Lampyridae* finden so im nächtlichen Garten zueinander. Im Volksmund heißen sie „Glühwürmchen", weil die ungeflügelten Weibchen nicht wie typische Käfer, sondern eher wie Würmer aussehen. Bei Tage recht unscheinbar und grau, leuchten bestimmte Körperteile der Käfermänner und -frauen nachts. Das kalte grünliche Licht erzeugen spezielle Leuchtorgane. Auch die Leuchtkäferlarven beherrschen diesen Leuchttrick, sogar schon im Ei. Bei uns kommen vor allem zwei Arten vor, das Johanniswürmchen und seltener auch der Große Leuchtkäfer.

Wie man Männern heimleuchtet

Die Weibchen sitzen am Boden, auf Steinen oder auf Grashalmen und leuchten unentwegt. Ihre „Morsezeichen" sind die einzigen Signale, die die geflügelten Männchen aus der Ferne anlocken. Bei Störungen allerdings wird das Licht sofort ausgeschaltet. In der Nähe wirken dann noch die von den Damen verströmten Duftstoffe als zusätzlicher Anreiz.

Folgenschwerer Irrtum

Während die Männchen des Großen Leuchtkäfers die Leuchtsignale der Weibchen beider Leuchtkäferarten problemlos unterscheiden können, fallen die der Johanniswürmchen auch auf die Signale der artfremden Damen herein. Sie bemerken ihren Irrtum erst am Geruch – wenn sie den Weibchen also schon ganz nahe sind. Diese „Schwäche" nutzen tropische Leuchtkäfer-Damen skrupellos aus. Mit ihrem Morselicht locken die räuberischen Käferdamen – eiskalt, wie die Sirenen aus der altgriechischen Sage – artfremde Liebhaber an und verspeisen sie genüßlich.

Kleine Nachtmusik

Viele der nächtlichen „Gartenaktivisten" lassen sich eher hören als sehen. Der Gesang der Nachtigall klingt so schön und ergreifend, daß er Musik und Dichtung wie keine zweite Vogelstimme inspirierte. Er beginnt mit gedehnten, leisen Motiven und steigert sich bis zum berühmten „Nachtigallenschlag". Häufig wird die Meistersängerin im Verlauf ihrer Strophen lauter und schneller. Ihr Gesang wird vielfach als „wehmütig" oder „melancholisch" empfunden.

Der unscheinbare Drosselvogel zieht in unseren Breiten das wärmebegünstigte Tiefland vor und lebt dort verborgen im Schutz des Unterholzes.

Stimmen aus dem „Jenseits"

Wenn wir in unserem Garten die nächtlichen Rufe von Eulen und Käuzen hören, bringen wir sie wohl kaum mit Liebesromanzen in

---

Biologisches Licht
Die Leuchtorgane sind Drüsen, die zwei Stoffe erzeugen und speichern: das Luziferin und die Luziferase. Während sich Luziferin mit Sauerstoff in Oxyluziferin verwandelt, wirkt das Enzym Luziferase als organischer Katalysator und bringt das Oxyluziferin zum Leuchten.

Nachts schwingt sich die Schleiereule von ihrem Brutplatz auf und geht auf Mäusejagd.

Männchen und Weibchen des Kleinen Leuchtkäfers

Voller Hoffnung: Das ungeflügelte Weibchen sendet Leuchtsignale aus.

Der Steinkauz ist weniger lichtscheu als die meisten Eulen und geht häufig in Obstgärten auf Jagd.

Verbindung; sie sind aber nicht minder mythenbeladen. Schon die alten Ägypter sahen in der Eule einen Todesboten. Fast bis in unsere Tage wurden das „kuwitt" des Steinkauzes und das scharfe „kwick" oder „kuit" des Waldkauzweibchens als Aufforderung „Komm mit" an Alte und Kranke interpretiert, dem „Totenvogel" ins Jenseits zu folgen. Bestärkt wurden diese Vorstellungen noch von den schauerlichen „huuu-hu-hu-

Garten bei Nacht

Der Gesang der Zwitscherschreckenmänner ist ein gleichmäßiges, lautes Schwirren.

Die Grasglucke wird auch Trinkerin genannt.

huuu"-Rufen des Waldkauzmännchens. Da beide Arten früher die Nähe der Menschen zu schätzen wußten, kam es verhältnismäßig häufig vor, daß ihre Rufe in schwach beleuchtete (Kranken-)Zimmer drangen.

Der Lärm der Zivilisation hat schon lange – auch auf dem Land – die nächtlichen Naturgeräusche übertönt. Waldkauz, Steinkauz oder auch die Schleiereule mit ihren rauschenden und fauchenden Lauten hören wir im nächtlichen Garten nur noch äußerst selten.

Schrille Leisten, scharfe Kanten

Wenn Heuschrecken in lauen Sommernächten ihre Instrumentalkonzerte zum besten geben, können wir uns ganz der Illusion südlicher Nächte hingeben.

Die Lauterzeugung entspricht dem Prinzip der Streichinstrumente: Eine scharfe Kante „streicht" – ähnlich wie der Geigenbogen über die Saiten – über eine Schrilleiste. Membranöse Flächen in den Flügeln verstärken den Schall.

Bei den meisten Arten musizieren nur die Männchen. Mit ihrem Gezirpe werben sie um die Gunst der Weibchen. Ab Juli ist die Luft dann vor allem vom lauten abgehackten Schwirren des Grünen Heupferds erfüllt. Dagegen klingt das Gezirpe der Zwitscherschrecke viel gleichmäßiger. Die Feldgrille singt bis tief in die Nacht ihr schnelles „zri". Die Maulwurfsgrille surrt ausdauernd („rrrrr"). Da sie im Boden gräbt, vermutete man in ihr zunächst einen Gartenschädling. Dabei macht sie sich durch den Verzehr von Engerlingen, Drahtwürmern und Erdraupen sogar richtig nützlich!

Aber nicht alle Heuschrecken besitzen Zirporgane. Die Knarrschrecken etwa behelfen sich, indem sie mit den „Zähnen" knirschen, d. h. ihre Mundwerkzeuge aneinanderreiben. Und die Eichenschrecken „trommeln" einfach mit den Hinterbeinen auf den Untergrund.

„Nachteulen" und andere Spinner

Schwärmer, Spinner, Glucken, Eulen, Spanner – so lauten die Familiennamen der Nachtfalter, einer bemerkenswert verschiedenartigen Faltergruppe. Allen gemeinsam ist eigentlich nur, daß ihre Fühlerenden nicht keulig verdickt sind und sie ihre Flügel in Ruhe-

Riesig: Totenkopfschwärmer

Oleanderschwärmer sitzen gelegentlich an Oleander.

Ligusterschwärmer: Namengebend ist eine Hauptfutterpflanze der Raupen.

Garten bei Nacht

haltung nicht senkrecht über dem Rücken zusammenlegen – von seltenen Ausnahmen einmal abgesehen. Erstaunlich viele sind samt Raupen im Garten heimisch. Wenn auch einige Nachtfalter tagaktiv sind – bei manchen allerdings nur die Männchen –, sind die meisten Arten ausschließlich im Dunkeln unterwegs. Den Tag verbringen sie gut getarnt in sicheren Schlupfwinkeln. Gegen ihre nächtlichen Freßfeinde wie Spinnen, Fledermäuse und den Ziegenmelker haben sie einige Tricks auf Lager. Sie verlassen sich entweder auf ihre Tarntracht, oder sie signalisieren ihren Feinden mit auffälligen Warnfarben, daß sie ungenießbar sind.

Mit ihrem locker sitzenden Schuppenkleid können sich Nachtfalter ebenso aus Spinnennetzen befreien, wie sie auch dem Zugriff größerer Feinde dank ihrer schlüpfrigen Schuppen entgehen – ähnlich wie uns ein Stück Seife in der Badewanne aus der Hand rutscht.

Nächtlicher Luftkrieg

Unsere Fledermäuse sind zweifellos die gefährlichsten Feinde der Nachtfalter. Die Flugsäuger orten ihre Beute mittels Ultraschall. Um ihren Verfolgern zu entkommen, stoßen Nachtfalter eigene Laute aus, die wie Störsender funktionieren, d. h. die Echoortung der Fledermäuse behindern, oder sie vor dem schlechten Geschmack der Schmetterlinge warnen. Einige Nachtfalter können die Ortungslaute der herannahenden Jäger hören und sich noch rechtzeitig in die Vegetation flüchten.

Im Dunkeln auf Jagd

Insekten und Spinnen stehen auf der Speisekarte unserer einheimischen Fledermäuse. Sie stöbern sie mit arttypischen Echoortungsrufen auf und erbeuten sie mit unterschiedlichsten Jagdtechniken. Da die meisten unserer Fledermausarten ihr Quartier in und an menschlichen Bauwerken beziehen können, geschieht es gar nicht einmal so selten, daß sie in oder über Gärten auf Jagd gehen. Während die Breitflügelfledermaus gerne in langsamem Flug Baumwipfel oder Straßenlaternen umkreist, können Langohren rüttelnd im Flug stehen und selbst ruhende Falter absammeln. Die seltene Bechsteinfledermaus ist besonders an das Waldleben angepaßt, jagt aber auch schon einmal in gaukelndem Flug nach „Garteninsekten". Der Große Abendsegler jagt nur hoch oben im freien Luftraum. Sein Flugstil erinnert an den der Mauersegler. Die kleine Zwergfledermaus ist sicher die regelmäßigste Gartenbesucherin. Äußerst geschickt und wendig umfliegt sie auch dicht stehende Sträucher und Bäume. Doch nur dort, wo sich das Jagen auch wirklich lohnt, halten sich die Flugakrobaten länger auf.

Auch wenn uns der flatterhafte Flugstil der Fledermäuse unbeholfen anmutet – in Wahr-

Markant: Brauner Bär

Bechsteinfledermaus mit erbeutetem Falter

Die Bechsteinfledermaus, eine klassische Waldbewohnerin, spürt auch in Gärten Insekten auf.

Durstige Fledermäuse können im Flug Wasser schöpfen.

Braunes Langohr: Lauschjäger im Rüttelflug

heit beherrschen sie das Fliegen in höchster Vollendung: Ihre Flügel tragen sie nämlich nicht nur durch die Lüfte, sondern werden oft genug gleichzeitig zum Beutefang und -verzehr eingesetzt. Insekten können in den aufgespannten Flughäuten wie mit einem Netz gefangen werden. Mit den Flügelspitzen, ihren „Fingern", schnippen sich die Fledermäuse ihre Beute sogar direkt in den Mund.

Zwergfledermäuse – winzige Hausbesetzer

Diese Zwergfledermaus verbringt den Tag in einer ehemaligen Kleiberhöhle.

An unserer Hauswand direkt unter dem Giebel rührt sich was! Als wir zufällig nach der sommerabendlichen Gartenrunde gegen die helle Hauswand blicken, sehen wir, wie sich kleine Schatten unterhalb des Giebels von der Holzverblendung lösen, um rasch mit dem Dunkel der Gartenvegetation zu verschmelzen. Wir haben Fledermäuse an unserem Haus entdeckt! Nachdem wir unterhalb des Einschlupfes heruntergerieselten Kot gefunden haben, mit dem Fernglas feststellen konnten, daß einige der winzigen Kotkrümel direkt an der Einschlupfspalte kleben, und schließlich ein abgestürztes Jungtier auf dem Boden liegt, ist es sicher: Wir beherbergen eine Wochenstube der Zwergfledermaus.

Je enger, je lieber

Die Zwergfledermaus ist nicht nur unsere kleinste, sondern auch die am weitesten verbreitete Art. Sie hat sich – im Gegensatz zu den meisten anderen Fledermausarten – bislang am besten mit den veränderten Bedingungen unserer Kulturlandschaft arrangiert. Die winzigen Tiere, die erwachsen kaum schwerer als ein Stück Würfelzucker sind, zwängen sich gerne in Spalten und Hohlräume von Gebäuden; auch hinter Holzverkleidungen und in Rolladenkästen fühlen sie sich richtig wohl! Selbst in einem Hohlraum von Telefonbuchgröße finden „locker" über 50 Zwergfledermäuse Platz.

Nach mehrmonatigem Winterschlaf tauchen die Zwergfledermäuse ab April wieder in unseren Siedlungen auf. Während die „Zwergenmänner" scheinbar das geruhsamere Einzelleben bevorzugen, schließen sich die Weibchen zu Verbänden von

50 und mehr Tieren zusammen und bekommen im Juni ihre Jungen.

Mietzins der Zwerge

Wer den Zwergen Unterschlupf gewährt, wird dafür reichlich entlohnt; die kleinen Untermieter machen sich als Insektenfänger verdient. Sie jagen in der Dämmerung rund um ihr Tagesschlafquartier. In schnellem Zick-Zack-Flug werden Mücken, Köcherfliegen und kleine Falter geortet, verfolgt und verzehrt. Gerne werden die Fluginsekten unter überhängenden Zweigen geschnappt. Haben die Winzlinge die heimatlichen Gefilde abgegrast, wechseln sie in ein angrenzendes Gebiet über. Während einer Nacht fliegen die kleinen Kobolde bis zu 5 km weit, um an benachbarten Waldrändern oder Gewässern ihren Hunger zu stillen. Im Morgengrauen kehren sie wieder zurück und umschwärmen noch einmal unser Haus, bevor sie sich zum Verdauungsschlaf in ihre Behausung zurückziehen.

> **Volkszählung**
>
> Seine kleinen Untermieter zählt man am besten bei Sonnenuntergang oder kurz danach. Dann nämlich schlüpft ein Tier nach dem anderen aus seinem Versteck und fliegt lautlos davon. Gegen die helle Hauswand oder den Himmel heben sich die huschenden Schatten gut ab.

Nicht selten wachsen die Jungen in Flachkästen heran.

Bei der Quartiersuche verflogen ...

Jungtiere bleiben ca. 4 Wochen im Quartier (hier Mauerspalte).

Vom Freibeuter zum Autoknacker

Bei Nacht sieht man bisweilen Schatten katzengleich über Straßen und durch Gärten huschen. Es sind Steinmarder. Längst haben die kleinen Raubtiere selbst Großstädte erobert. „Weißkehlchen", wie der Steinmarder wegen seines charakteristischen gegabelten Kehlflecks auch noch genannt wird, bewohnt gerne Scheunen, Schuppen, Dachböden oder Lagerhallen. Dort ruht er tagsüber, um nachts auf Beutezug zu gehen.

Tatort Hühnerstall
Der Speiseplan des Steinmarders ist ausgesprochen vielfältig: Mäuse, Vögel, Amphibien und Insekten wie fette Maikäfer oder Bienenbrut stehen darauf, aber auch Honig und ab Sommer Obst, Waldbeeren, Hagebutten und Ebereschenfrüchte. Auch über Katzenfutter macht er sich gerne her. Doch Eier haben es dem Steinmarder ganz besonders angetan – da kann er nicht widerstehen! Hat er sich seinen Magen vollgeschlagen, legt er aus den überzähligen Eiern ein Depot an. Dazu trägt er die Eier oft über weite Strecken unversehrt (!) im Maul heran.

Auf diese Vorliebe für Eier gründet sich auch der schlechte Ruf des Steinmarders. Wo Hühner an den nächtlichen Eierdieb gewöhnt sind, läuft in der Regel alles glimpflich ab. Wenn sich aber ein Huhn vor dem Eindringling erschreckt und der ganze Hühnerstall in helle Aufregung gerät, wird der Steinmarder zum unfreiwilligen Killer. Dann schnappt er, wie andere Beutegreifer auch, instinktiv nach allem, was sich bewegt. Nicht die ihm unterstellte Mordlust, sondern schlichte Hilflosigkeit in diesem flatternden Tohuwabohu macht ihn zum Hühnerkiller.

Enttarnung in der Schweiz
Wegen seines hochbegehrten Fells war der Steinmarder bei uns Anfang der 50er Jahre sogar vom Aussterben bedroht. Dank sinkender Fellpreise und nachlassendem Jagdinteresse erholten sich seine Bestände bald wieder. Sein Eroberungsfeldzug bis in die Großstädte sollte rund 20 Jahre unbemerkt bleiben – bis ein findi-

Junge Steinmarder sind verspielt: Ein einfacher Sack dient als geeignetes Versteck.

Der Steinmarder sichert, bevor er auf Beutezug geht.

Besonders als kabelverbeißender Automarder ist er gefürchtet.

In flagranti: Einstieg ins Auto

Alles erregt seine Neugier.

Steinmarder schätzen auch Kernobst.

ger Gendarm und nebenberuflicher Jagdaufseher im schweizerischen Winterthur die ersten Artgenossen als „Autoknacker" entlarven konnte. Nächtelang legte sich Ruedi Muggler auf die Lauer und lüftete so schließlich das Geheimnis um zerschnittene Zündkabel, zerstochene Kühlschläuche und zerfleddertes Dämmmaterial.

Angriff auf ein Phantom
Langjährige Forschungen von Wildbiologen um Karl Kugelschafter an der Universität Gießen lieferten eine plausible Erklärung für diese „mutwillige" Zerstörung: Steinmarder entdeckten Motorräume für sich als günstige Verstecke. Daß es dort gemütlich sein kann, lernen die Jungmarder auf nächtlichen Streifzügen von ihrer Mutter. Die Mardermänner tragen über das Auto gelegentlich ihre Revierstreitigkeiten aus. Wird ein Auto mit den Duftmarken eines Rüden in das Revier eines anderen bewegt, veranlaßt das diesen, nicht nur dagegen „anzustinken", sondern den Phantomrivalen auch mit Kratzen und Beißen zu attackieren – und zwar auf Kosten des Autoinnenlebens.

Einen Versuch wert: Ein großes Stück Maschendraht (z. B. für Hasenställe) auf den Boden unterhalb des Motorraums gelegt, kann aus dem Autoknacker einen Hasenfuß machen.

Nutzniesser von Haus und Garten

Zahlreiche Tiere fühlen sich im oder am Haus wohl und werden so oftmals zu unseren Mitbewohnern. Der umliegende Garten kann ihnen dabei Nahrung, Unterschlupf und Nistmöglichkeiten bieten.

Ein Haus für Tiere

„Tiere auf Wohnungssuche" heißt eine Kampagne, die für mehr Toleranz gegenüber unseren tierischen Zeitgenossen wirbt. „Wohnungssuche" ist im Wortsinne zu verstehen: Durch die zunehmende Bebauung der Landschaft haben wir nicht nur Lebensräume wilder Tiere zerstört. Eine beachtliche Anzahl von Arten fand in und an Gebäuden auch ein neues Zuhause. Den tierischen Mitbewohnern mit langer Tradition verpaßte man – ebenso wie den typischen „Gartentieren" – entsprechende „Hausnamen": Hausrotschwanz, Haussperling, Hausspinne, Hausfledermaus, Hausmaus, Hausmarder, Mauersegler, Hausratte, Hausspitzmaus.

In früheren Zeiten ließ sich diese Liste noch durch verschiedene Lästlinge und Schädlinge ergänzen – genug, um eine komplette Hausbesichtigung durchzuführen: Auf dem Dachboden – im Sommer trocken-heiß, im Winter trocken-kalt – fühlten sich Hausbockkäfer, Speckkäfer und Kornmotte wohl. Sie ernährten sich von Holz und Vorräten. Brot- und Mehlkäfer, Küchenschabe, Stubenfliege, Pelzkäfer, Kleidermotte und Bettwanze bevorzugten das ausgeglichene Klima in Küche und Wohnräumen und naschten an Lebensmitteln, Textilien und am Menschen selber. Der Keller war das Reich von Schimmelkäfer und Kellerasseln. Sie lieben es feucht und kühl und labten sich an Nahrungsvorräten und Moderstoffen. Mit mehr oder weniger giftigen Mitteln und dank verbesserter hygienischer Verhältnisse ist es gelungen, diese ungebetenen Gäste deutlich zu reduzieren.

„Löwenland" vor der Hauswand

Unsere Hausbesichtigung führt uns auch nach draußen. An der wettergeschützten, sonnenbestrahlten Hausseite bemerken wir viele kleine Trichter im sandigen Boden. Von der Ameisenschar, die hier entlangmarschiert, wagt sich eine Ameise gefährlich nahe an einen Trichter heran, als dieser plötzlich lebendig wird. Aus der Trichtertiefe fliegen auf einmal Sandkörnchen auf, die Ameise gerät ins Trudeln, strauchelt schließlich und schlittert unaufhaltsam den Trichter hinab, an dessen Grund sie zwischen zwei kräftigen Klauen endet – den Kieferzangen des Ameisenlöwen. Mit diesen Waffen bringt er noch weit größere Beutetiere zur Strecke. Er injiziert ihnen durch die hohlen Kieferklauen lähmendes Gift, um sie auf dem

Sandwespen suchen im Garten nach Nektar und Raupen.

Grauschnäpper nisten gerne unter Dachvorsprüngen, in Mauerlöchern und Kletterpflanzen.

gleichen Wege auch auszusaugen. Was von der Beute übrigbleibt – nichts als die leere Hülle –, schleudert der Ameisenlöwe ebenso elegant aus dem Trichter heraus wie die Sandkörner.

Die Faszination dieses „Löwenjagdverhaltens" ist seit Rösel von Rosenhof ungebrochen. Der frühe Naturkundler widmete dem Ameisenlöwen bereits 1755 in seiner weltberühmten „Insektenbelustigung" eine exakte Beschreibung nebst Zeichnungen. Der „bullige" Ameisenlöwe ist übrigens die Larve der äußerst grazilen, libellenähnlichen Ameisenjungfer. Sie zählt zu den echten Netzflüglern, also zur näheren Verwandtschaft der Florfliege.

Frischfleisch in der Gruft

Und weiter geht's auf unserer Erlebnistour rund ums Haus. Wo die Sonne auf lockeren, lehmig-sandigen Boden mit spärlichem Bewuchs scheint, findet sich *Ammophila,* die Sandliebhaberin, ein – eine Sandwespe mit

In Hausnähe fängt der Hausrotschwanz viele Insekten.

Hausmäuse ernähren sich vor allem von Vorräten und Abfällen des Menschen.

Hausspitzmaus: in Häusern und Gärten zu Hause

Nutzniesser von Haus und Garten

Ameisenjungfern leben im Verborgenen und jagen im Mai und Juni Insekten.

Der Ameisenlöwe saugt eine Ameise aus.

Superwespentaille. Sie schlüpft im Frühjahr und sucht in Blüten nach Nektar. Nach der Paarung gräbt sie einen senkrechten Stollen in den Boden, der mit einer kleinen seitlichen Kammer endet. Den Geheimgang verschließt sie mit einem paßgenauen Steinchen und tarnt ihn mit Sand. Anschließend macht sie im Garten Jagd auf dicke nackte Raupen, die sie durch Giftinjektionen in jedes einzelne Nervenzentrum lähmt. Dann transportiert sie ihre Opfer fliegend – bei allzu fetten Exemplaren auch schleppend – zu dem Geheimgang, öffnet die „Gruft" wieder und begräbt die Beute bei lebendigem Leibe zusammen mit einem Ei. Dieser Frischfleischvorrat ist aber nicht die einzige Nahrungsquelle der Sandwespenlarve. Die Mutter sorgt zwischendurch immer wieder für Nachschub.

Eine andere Grabwespenart, die Fliegenspießwespe, transportiert ihre Fliegenopfer aufgespießt am Stachel zur Brut- bzw. Speisekammer. Manche Grabwespen bereiten das Larvenfutter sogar noch zu, indem sie sperrige und ungenießbare Teile der Beute zuvor entfernen.

Tschilpender Lebenskünstler

Im Gefolge der Menschen schaffte ein Spatz den Sprung aus den Steppen Asiens zunächst in die Städte Europas. Heute ist er über den ganzen Globus verbreitet und nahezu allge-

Am Grunde der Trichter lauert er auf seine Beute.

Haussperlinge – auf allen fünf Kontinenten zu Hause – sind aus der Umgebung des Menschen gar nicht mehr wegzudenken.

genwärtig. Als Anpassungskünstler nisten Haussperlinge noch in jeder Mauernische und holen ihr Futter zur Not auch von Frittenbuden und Straßencafés. Sie leben vorzugsweise in Gruppen, nisten gerne in Kolonien von 10 – 20 Paaren und schließen sich zur Nahrungssuche und zum Übernachten zu großen Schwärmen zusammen. Dichte Hecken und Bäume, alte Mehlschwalbennester, auch Hausfassaden und sogar Straßenlaternen und Leuchtreklamen dienen ihnen als Nachtquartier.

In die Fugen geraten

Selbst wo Steinplatten auf Wegen und Terrassen nur schmale Lücken lassen, setzt sich Leben durch. Der Ökologe Wolfgang Tischler nahm einmal die Tierwelt zwischen und unter den Steinplatten seiner Hausterrasse unter die Lupe und fand über 70 Arten wirbelloser Tiere: Regenwürmer, Schnecken, Spinnen, Weberknechte, Asseln, Tausendfüßer und Insekten. Auch Erd-, Sandknoten- und Grabwespen waren darunter.

ELEGANTE JÄGER DER LÜFTE

Schwalben und Mauersegler, die aus ihren Winterquartieren in Afrika in unsere Breiten zurückkehren, stimmen uns auf den bevorstehenden Sommer ein. Die Rauchschwalben trudeln zwischen dem letzten Märzdrittel und Anfang April bei uns ein, die Mehlschwalben etwa ein bis eineinhalb Wochen später. Anfang Mai sind dann auch die Mauersegler da.

Auf Stippvisite

Im Durchschnitt verweilen Rauchschwalben 23 Wochen, Mehlschwalben mindestens 20 Wochen an ihren Brutplätzen. Verglichen mit anderen Insektenjägern, die ähnlich lange Wege in zentral- und südafrikanische Winterquartiere zurücklegen, halten es Schwalben bei uns erstaunlich lange aus. Viel kürzer sind dagegen die Gastspiele der Mauersegler: Ihr Aufenthalt an den Brutplätzen dauert nur 90 – 100 Tage. Für eine aufwendige Nistplatzsuche bleibt da keine Zeit. Deshalb kehren sie nicht nur – wie die Schwalben – an ihren Geburtsort zurück, sondern setzen sich sogar oft in das „gemachte Nest" vom Vorjahr. Das ist ihr einziger Bodenkontakt. Sie schlafen sogar in der Luft.

Baukunst aus Lehm

Die Beziehungen der Schwalben und Mauersegler zu uns Menschen sind eng und haben eine lange Geschichte. Mit der zunehmenden Bebauung der offenen Landschaft erschlossen sich für diese Vögel neue Brut- und Jagdmöglichkeiten. Während die sperlingsgroßen Rauchschwalben mit dem langen, tiefgegabelten Schwanz ihre offenen, viertelkugeligen Lehmnester an senkrechten Flächen, gerne auch im Inneren von Gebäuden ankleben, brüten die kleineren weißbürzeligen Mehlschwalben in Kolonien, bevorzugt unter Vorsprüngen an den Außenwänden von Häusern. Ihre halbkugeligen Nester sind bis auf ein halbrundes Einflugloch geschlossen.

Der Mauersegler brütete ursprünglich in den Löchern und Spalten von Klippen und Felswänden, wohl auch in Baumhöhlen. Entsprechende Strukturen findet er

Mauersegler sind ...

... fast immer in der Luft.

Rauchschwalbe: Das halboffene Lehmnest ist „überdacht".

In Pfützen sammeln Rauchschwalben Baumaterial für ihr Nest, das aus Lehm und Halmen besteht.

an und in Gebäuden, etwa in Mauerlöchern oder unter Dächern. Sein Nistplatz muß nur zwei Anforderungen erfüllen: Er sollte sich mindestens 7 m über dem Erdboden befinden und freien An- und Abflug gewähren. Das Nest besteht aus einer Ansammlung von Federn, Halmen und Blättern, die der Mauersegler allesamt im Flug erhascht und mit Speicheldrüsensekret, das später erhärtet, zu einem flachen Napf verklebt.

Mehlschwalben brüten an Außenwänden von Gebäuden unter Vorsprüngen, oft in Kolonien.

Gartenbesuche auf Distanz

Auch wenn Schwalben und Mauersegler in unserer Umgebung zu finden sind – sie sind keine Gartenvögel! So beobachten wir die eleganten Flieger auch seltener in, als vielmehr über unserem grünen Reich. Hin und wieder holt sich einer von ihnen feuchte Erdklümpchen zum Nestbau aus unserem Beet oder schöpft im Tiefflug Wasser aus dem Gartenteich.

Das Vorkommen der Rauchschwalbe ist eng an die Viehhaltung gebunden. Von den traditionellen Bauernhöfen weicht dieser Vogel neuerdings auch auf Reitställe aus. Mehlschwalben dagegen finden sich selbst noch in Großstadtzentren zurecht.

Als Nistmaterial für die bis auf das Einflugloch geschlossene Halbkugel verwendet die Mehlschwalbe Lehmklümpchen.

Zum Verwechseln ähnlich

Auf den ersten Blick scheinen Schwalben und Mauersegler nahe verwandt zu sein: Beide sind auf den Insektenfang im Flug spezialisiert und haben dementsprechend die gleiche elegante, windschnittige Figur von Luftjägern. Tatsächlich aber gehören sie ganz verschiedenen Vogelordnungen an. Während Schwalben zu den Singvögeln zählen, sind Mauersegler offenbar mit den Kolibris verwandt.

Ein Pflanzenkleid fürs Haus

Unser Garten muß sich nicht nur auf zwei Dimensionen – Länge und Breite – beschränken; er kann sich auch in die Höhe ausdehnen – dann nämlich, wenn unsere Hauswände mit Kletterpflanzen bewachsen sind.

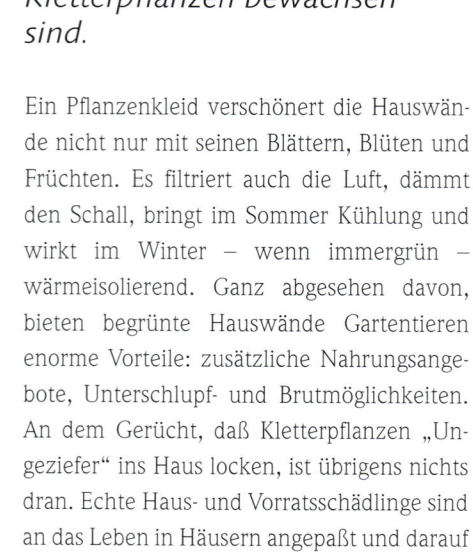

Die Gartenkreuzspinne sitzt meist in der Netzmitte.

Ein Pflanzenkleid verschönert die Hauswände nicht nur mit seinen Blättern, Blüten und Früchten. Es filtert auch die Luft, dämmt den Schall, bringt im Sommer Kühlung und wirkt im Winter – wenn immergrün – wärmeisolierend. Ganz abgesehen davon, bieten begrünte Hauswände Gartentieren enorme Vorteile: zusätzliche Nahrungsangebote, Unterschlupf- und Brutmöglichkeiten. An dem Gerücht, daß Kletterpflanzen „Ungeziefer" ins Haus locken, ist übrigens nichts dran. Echte Haus- und Vorratsschädlinge sind an das Leben in Häusern angepaßt und darauf angewiesen. Sie besuchen uns sowieso, ob mit oder ohne Wandbegrünung.

Eine Wand voller Leben

Die begrünte Hauswand wirkt wie eine eigene kleine Welt. Hier herrscht emsiges Treiben, und viele Tiere können wir gut von nahem beobachten.

Schlingknöterich, Efeu, Geißblatt, Wilder Wein, Clematis oder Waldrebe locken bis zu 80 Wildbienenarten, Honigbienen, verschiedene Hummeln und Schwebfliegen an. Schmetterlinge – vom Hummelschwärmer über den Mittleren Weinschwärmer bis hin zum Nachtschwalbenschwanz mit seiner besonderen Vorliebe für Efeu – saugen an den Blüten oder leben als Raupen von den Blättern bestimmter Kletter- und Schlingpflanzen. Auch Käfer, Spinnen, Blattläuse, Blattwanzen und Asseln sind im grünen Dickicht unterwegs.

Eine beträchtliche Anzahl von Vogelarten, z. B. Haussperling, Kohlmeise, Grauschnäpper, Rotkehlchen, Distelfink, Misteldrossel und Ringeltaube, können wir dabei beobachten, wie sie die Beeren unseres Wilden Weines verzehren. Die blauschwarzen Efeubeeren sind bei Amsel, Star, Kernbeißer und Seidenschwanz – einem seltenen Gast in unserem Garten – heißbegehrt. Die dichte Wandbegrünung wissen Zaunkönig, Hausrotschwanz, Grünling, Grauschnäpper und Amsel als Nistplatz zu schätzen.

Im Netz der Spinnenfrau

Zwischen den Kletterpflanzen an unserer Hauswand und einem kleinen Busch davor hat ein Weibchen der Gartenkreuzspinne sein feines Radnetz gesponnen. Seine Spinnfäden produziert es in einigen tausend Spinndrüsen der Spinnwarzen an seinem Hinterleib. Ganz nach Bedarf sondern die Spinnen verschiedene Spinnseide ab: glatte oder klebrige Fäden, Sicherheitsfäden, zähflüssigen „Kleber", um die Knotenpunkte im Netz zu kitten, oder Fäden, mit denen sie ihren Eikokon einspinnen.

Jetzt gerade hat sich eine unvorsichtige dicke Fliege im Netz verfangen. Wild zappelnd versucht sie, ihrem sicheren Schicksal zu entrinnen. Doch schon kommt die Spinnenfrau herangesaust und lähmt ihr Opfer mit einer Giftspritze aus ihren nadelfeinen Kieferklauen, die sie ansonsten wie ein Taschenmesser zusammenklappt. Schnell spinnt sie die Beute ein, löst das Freßpaket aus dem Netz und eilt damit zu ihrem Stammplatz in der Netzmitte. Dort erbricht sie etwas Verdauungssaft über das bewegungsunfähige Opfer und saugt sein aufgelöstes Körpergewebe ein. Als die unverdaulichen Fliegenreste schließlich zu Boden trudeln, lauert die Spinnenfrau schon wieder regungslos auf neue Beute.

Wilder Wein – sommergrün und schnellwachsend – schmückt so manche Hauswand.

Auch der Weberknecht liebt „grüne Wände".

Ins Netz gegangen: Die Vierfleck-Kreuzspinne fesselt eine Heuschrecke.

Der Zaunkönig verbirgt sein kunstvolles Kugelnest gern im dichten Efeugestrüpp.

Ein junger Hausrotschwanz wartet auf Futter.

Mit grossen Sprüngen hoch hinaus

Als pfiffiger Begleiter der Biene Maja im weltberühmten Kinderbuch von Waldemar Bonsels ist uns das Grüne Heupferd seit Kindertagen vertraut. In natura ist „Flip" mit seinen überkörperlangen Fühlern und Vorderflügeln, seinen kräftigen Sprungbeinen und der stachelähnlichen Legeröhre der Weibchen eine äußerst imposante Erscheinung. Weicht die erste noch scheue Begegnung schließlich dem zugreifenden Forscherdrang, katapultiert sich das grasgrüne Insekt beim Versuch, es zwischen zwei Fingern zu fassen, mit einem Riesensatz in das nahegelegene Pflanzendickicht.

Nicht nur Vegetarier
Das Grüne Heupferd, eine Langfühlerschrecke, ist nicht nur eine unserer größten Heuschrecken, sondern auch eine der anpassungsfähigsten Arten. Im Kulturland lebt es in Gärten, Getreidefeldern, an sonnigen Wegrändern und auf Trockenrasen.
Obwohl seine Tarnung auf Pflanzen perfekt ist, vom braunen Rücken und den gelegentlich gelben Beinen einmal abgesehen, ist das Grüne Heupferd beileibe kein Vegetarier. Fliegen, Raupen und – der Gärtner freut sich – Kartoffelkäferlarven zählen zu seiner Lieblingsnahrung. Pflanzen sind anscheinend nur „Beilagen". Mit diesem Speiseplan ist das Grüne Heupferd ein überaus nützlicher Gartenbewohner.

Durch Gesang verführt
Mit 32 – 42 mm Körperlänge sind die Grünen Heupferddamen deutlich größer als ihre 28 – 36 mm langen Männer. Vom Werbegesang eines Männchens angelockt, läßt das Weibchen sich nicht einfach nach Kurzfühlerschreckenmanier besteigen, sondern dokumentiert seine Paarungsbereitschaft durch Aufreiten auf den männlichen Musikanten. Nach diesem Kletterakt ergreift der Liebhaber seine Angebetete mit seinen Schwanzanhängen und heftet einen gallertigen Spermabehälter an ihre

Zur Eiablage steckt das Weibchen des Grünen Heupferds seine Legeröhre tief ins Erdreich.

Das 1. Larvenstadium sieht dem erwachsenen Heupferd schon ähnlich.

7. Larvenstadium: Noch einmal muß sich das Heupferd häuten, dann ist es „fertig".

Grünes Heupferd im Sprung, mit ausgebreiteten Flügeln

Die Männchen der Feldgrille sitzen bis tief in der Nacht vor ihren Erdhöhlen und singen ihr schrilles „zri".

Einfach faszinierend: Grünes Heupferd im Porträt

Musik durch Aneinanderreiben der Vorderflügel

Genitalöffnung. Danach trennen sich die beiden wieder. Während in den nächsten Stunden nach dem Paarungsakt die Spermien in die Genitalöffnung einwandern, verzehrt das Weibchen deren „Verpackung", die Gallerte.
Zur Eiablage bohrt es wenige Tage später seine Legeröhre ins Erdreich und legt rund 100 Eier ab. Daraus schlüpfen im nächsten Frühjahr kleine Larven, die ihren Eltern schon sehr ähnlich sehen. Bis zum „fertigen" Grünen Heupferd durchlaufen sie jedoch noch 5 – 7 Larvenstadien. Am Ende eines jeden Larvenstadiums „fahren" die grünen Hüpfer aus ihrer alten Haut. Besonders heikel ist es, die langen staksigen Beine herauszuziehen. Die Haut recyceln sie optimal, indem sie sie auffressen. Ab Mitte Juli sind die Grünen Heupferde endlich erwachsen und geben wieder ihre Sommerkonzerte an lauschigen Gartenplätzen. Von Mittag bis Mitternacht wird dann bis zum Saisonende im Herbst munter gezirpt.

Langfühlerschrecken hören mit dem Knie. Beim Grünen Heupferd sind die Hörorgane als je zwei Schlitze in den Vorderbeinen äußerlich erkennbar.

Staatengründer und Einzelgänger

Die Tiere in unserem Garten sind ganz unterschiedlich organisiert: Viele gründen Familien, manche leben dagegen in Staaten und werden von Königinnen regiert. Andere wiederum führen ein Einsiedlerdasein.

An unserem Gartenweg, gleich neben dem Apfelbaum, entdecken wir im Spätsommer einen dicken Brummer, der im Tiefflug ein Mauseloch umkreist. Die Hummel trägt einen schwarzen Pelz mit goldgelbem Kragen. Als sie in das Mauseloch „abtaucht", fällt ihr weißes Hinterteil auf – es ist also eine Gartenhummel, eine der wenigen Hummelarten, die im Spätsommer gelegentlich noch eine zweite Generation hervorbringt.

Königin auf Nestsuche

Die jungen, begatteten Königinnen der ersten Generation beginnen gleich nach dem Schlupf mit der Gründung eines neuen Volkes. Sie halten nach einem geeigneten Nistplatz Ausschau und inspizieren dabei immer wieder Ritzen und Löcher. Als Neststandort kommen verlassene Mauselöcher ebenso in Frage wie alte Vogelnester, Nistkästen, Baumhöhlen oder Verstecke in Gebäuden – nur geschützt und trocken müssen diese Plätze sein. Unsere Königin ist fündig geworden. Sie dreht noch einige Runden, um sich Ort und Umgebung der Unterkunft genau einzuprägen. Mit dem „Abtauchen" in ihr künftiges Nest beginnt eine arbeitsreiche Zeit.

Gartenhummeln sind wichtige Blütenbestäuber.

Etwa 450 Blüten besucht eine Hummel täglich allein zur Deckung ihres eigenen Energiebedarfs – dreimal so viele wie eine Honigbiene.

Ackerhummeln bauen ihr Nest unter- wie oberirdisch, auch in Schuppen und Nistkästen.

Wegameisen mit Puppen: Ameisen betreiben eine sehr aufwendige Brutpflege.

Nest der Knotenameise: Blick in die Brutkammern

Lebt oft unter Platten: Schwarze Wegameise, Eier

Gelbe Wiesenameisen auf dem Hochzeitsflug

Im Alleingang

Tief drunten im Mauseloch zerbeißt die junge Hummelkönigin vorgefundenes und herbeigeschlepptes Nistmaterial – z. B. trockene Pflanzenfasern und Mäusehaare – und formt daraus eine dichte Nestkugel. Im Inneren legt sie zuerst einige Vorratsbehälter für Honig an. Davon ernährt sie sich, bis die ersten Arbeiterinnen schlüpfen. Die Honigtöpfe bestehen aus Wachs, das die Gartenhummel zwischen den Chitinplatten an der Unterseite ihres Hinterleibs ausschwitzt. Bald schon legt die Königin die ersten Eier in ein Wachsnäpfchen, trägt zuvor gesammelten Pollen zur Ernährung der Larven ein und verschließt die Brutkammer mit einem Wachsdeckel. Für die Entwicklung der Brut ist eine bestimmte Nesttemperatur erforderlich. Die Hummeln erzeugen sie, indem sie unentwegt mit den Flügeln zittern und ihre Körperwärme abstrahlen.

Arbeiterinnen packen mit an

Wenn die Hummellarven aus ihrer Gemeinschaftszelle herausgewachsen sind, spinnen sie sich einzeln in runde Kokons ein. Nach 7 – 10 Tagen Puppenruhe schlüpfen dann die ersten Arbeiterinnen, die die Königin nun tatkräftig unterstützen. Sie bauen fleißig neue Wachsnäpfchen für den Nachwuchs, sammeln Nektar und Pollen, kümmern sich um die Brut und versorgen die Königin mit Nahrung. Mit ihren bis zu 2 cm langen Rüsseln gelangen Gartenhummeln selbst in lange, enge Blütenkelche. Sie besuchen vor allem Gemeinen Ziest, Disteln, Rittersporn, Ackerbohnen, Rotklee, Springkraut, Goldregen und sämtliche Obstbäume.

Hormone und Potenzmittel

Auf dem Höhepunkt der Volksentwicklung werden schließlich auch Geschlechtstiere herangezogen. Ihre Entwicklung hängt von mehreren Kriterien ab: einer verstärkten Hormonproduktion der Königin, einem ausreichenden Blütenstaubangebot und einer speziellen Betreuung und Temperierung der Brut. Männliche Tiere, die Drohnen, entstehen aus unbefruchteten Eiern. Sie werden höchstens vier Wochen alt. Drohnen nehmen

Staatengründer und Einzelgänger

Das Nest der Mittleren Wespe kann so groß werden wie ein Fußball.

Wespen erbeuten Insekten – hier einen Falter – in erster Linie zur Aufzucht der Larven.

keinen Nektar zu sich, sondern fressen Blüten. Sie entziehen den darin enthaltenen Blütenölen einen Alkohol als Potenzmittel. Während die Arbeiterinnen nun allmählich zugrunde gehen, verlassen die jungen Königinnen mit den Drohnen das Nest zum Hochzeitsflug.

Alles eine Frage der Organisation

Besonders hoch organisiert sind die Ameisenstaaten. Das Ameisengeschlecht blickt auf eine mehr als 100 Millionen Jahre alte Geschichte zurück. Demgegenüber ist die Geschichte der Menschen und ihrer Staaten geradezu lächerlich kurz. Im Verlauf der Evolution konnten Ameisen eine Vielzahl von Formen ausbilden, deren Verhaltensmuster ebenso vielfältig wie komplex sind.

Geteilte Arbeit – halbe Arbeit

Arbeitsteilung heißt auch das Rezept eines gut funktionierenden Ameisenstaates. Ähnlich wie bei den Hummeln gibt es drei verschiedene Kasten, von denen jede ganz bestimmte Aufgaben erfüllt: Königinnen, Arbeiterinnen und zu bestimmten Zeiten auch Männchen. Der Königin reicht eine einmalige Spermaaufnahme, um alle Eier, die sie während ihres gesamten Lebens legt, zu befruchten – und das kann immerhin bis zu 29 Jahre dauern. Das große Heer der Ameisen besteht aus den Arbeiterinnen. Einige von ihnen haben besonders große Köpfe und sind zu Soldaten „ausgebildet". Die Keimdrüsen der Arbeiterinnen sind nur schwach entwickelt. Verliert ein Volk jedoch seine Anführerin, legen die Arbeiterinnen an ihrer Stelle die Eier, aus denen geflügelte Geschlechtstiere schlüpfen.

Ameisen stecken enorm viel Sorgfalt in die Aufzucht ihrer Jungen: Sie halten Eier und Larven stets sauber und betten sie regelmäßig um, damit sie nicht von Pilzen und Bakterien befallen werden.

Jäger, Sammler, Viehzüchter und Gärtner

Ameisen machen nicht nur Jagd auf Insekten; sie melken auch Blattläuse, um den von ihnen ausgeschiedenen Honigtau zu gewinnen. Als Gegenleistung gewähren sie den Blattläusen häufig Schutz vor Feinden und Unterschlupf.

Wespenarten. Einige Bienen und Wespen haben sich sogar darauf verlegt, keine eigenen Nester zu bauen, sondern ihre Eier einfach in fremde Nester zu legen und den Brutpflegebetrieb einer fremden Art in Anspruch zu nehmen. Nicht umsonst nennt man sie auch Kuckucksbienen bzw. -wespen.

Die solitäre Lehmwespe lähmt die Raupe durch einen Stich und trägt sie zum Nest.

Viele Ameisenarten gehen sogar Symbiosen mit Schmetterlingsraupen ein, die sie ebenfalls melken, oder legen Pilzgärten an.

Solitäre und Schmarotzer

Neben den „Staatsangehörigen" finden wir im Garten auch zahlreiche Beispiele für Einzelgänger. So leben z. B. die meisten Wildbienen solitär. Die Weibchen bauen ein Nest und versorgen die Brut ohne Mithilfe von Artgenossen. Das gleiche gilt auch für solitäre

Bienenwolf: „überfällt" Blütenbesucher

Obstbäume im Garten

Obstbäume bringen uns die Jahreszeiten in den Garten. Die Apfelblüte läutet den Frühling ein, und im Herbst dürfen wir auf eine reiche Ernte hoffen. Das ganze Jahr über laden Obstbäume viele große und kleine Tiere in unseren Garten ein.

Apfelbaum mit Früchten: Genuß für Mensch und Tier

Bienen, Hummeln und andere Insekten geben sich an Obstbaumblüten ihr Stelldichein. Selbst Blaumeisen naschen dort gerne an Blütenpollen und Nektar. In ausgefaulten Astlöchern nisten Kleiber, Stare oder Meisen, Spechte meißeln ihre Nisthöhlen und auch ihre „Schmieden" in die Stämme von Obstbäumen. Im grünen, sommerlichen Blätterdach finden Vögel, Kleinsäuger und Käfer reichlich Nahrung. Im Herbst tun sich viele Fallobstfreunde wie Wespen, Fliegen, Asseln, Igel, Amseln und Stare an abgefallenem und angefaultem Obst gütlich. Schmetterlinge saugen mit Vorliebe an gärendem Fallobstsaft. Erdkröten kommen dort zu ihrer Schneckenmahlzeit.

Für jeden Geschmack etwas

Wie eine Maus huscht der Baumläufer am Stamm entlang und sucht mit seinem gebogenen Pinzettenschnabel die Rindenritzen nach Spinnen und Insektenpuppen ab. Die Algen- und Flechtenrasen auf den Stämmen und Ästen von Obstbäumen sind ideale Weidegründe für Moosmilben und Schnecken. Gangsysteme unterhalb der Rinde oder im Holz von Obstbäumen legen die Larven der Borken-, Bock-, Poch- und Prachtkäfer an. Während sich die meisten Arten von Holz ernähren, legen manche Borkenkäfer eigens gesäte Pilzrasen an. Die engen Bohrgänge der Larven werden, ähnlich wie Spechthöhlen, noch von Nachmietern bezogen, z. B. von holzbrütenden Wildbienen, von Blattschneider-, Mauer-, Löcher-, Scheren- oder Maskenbienen.

Admiral saugt an gärender Pflaume.

Spechte zu Besuch

Wo die Wiese unter Obstbäumen nur selten gemäht wird und es genügend Blattläuse gibt, errichten Wiesenameisen ihre kleinen Erdburgen. Zwei seltene Spechtarten haben ihre Ernährung ganz auf sie eingestellt: der unscheinbare Wendehals und der auffällige Grünspecht. Außer ihrer Vorliebe für Ameisen haben Wendehals und Grünspecht wenig gemein. Der übersperlingsgroße, schlanke Wendehals erinnert mit seinem kurzen Schnabel und dem langen Schwanz eher an einen Singvogel als an einen typischen Specht. Sein rindenfarbenes Gefieder tarnt ihn ausgezeichnet. Der Wendehals ist ein Langstreckenzieher und überwintert im tropischen Afrika. Bei uns hält er sich nur von April bis September auf. Lichte, baumbestandene und wärmebegünstigte Landschaften sind sein Revier. Nur wo die Vegetation nicht zu dicht steht, kommt er an die Nester der Weg- und Wiesenameisen heran. Larven, Raupen und Vollinsekten bleiben an seiner vorschnellenden Leimrutenzunge kleben. Sie sind auch das Lieblingsessen seiner Jungen. Bis zu 350 Ameisen ballt der Wendehals zu einem Futterpaket zusammen und verfüttert es an seine Brut. Während der Wendehals ausschließlich in schon vorhandene Nisthöhlen oder auch in Nistkästen einzieht, zimmert der wesentlich größere Grünspecht –

Der Steinkauz findet in alten Obstbäumen natürliche Bruthöhlen.

zumindest in Weichhölzern – seine Höhlen auch selbst. Der Grünspecht ist ein Stand- und Strichvogel, d. h. er bleibt im Winter hier oder unternimmt allenfalls kurze Wanderungen. Seine Zunge kann der Ameisenspezialist bis zu 10 cm vorstrecken und damit bis tief in die Gänge und Kammern von Ameisennestern vordringen.

Kneifzangen als Pinzetten

An dem kleinen, langgestreckten Körper des Ohrwurms fallen besonders die beiden gewaltigen Zangen an seinem Hinterleibsende auf. Ohrwürmer verkriechen sich bei Tage am liebsten in den schmalsten Ritzen und Spalten. Wenn man ihre Verstecke zufällig öffnet, laufen sie in alle Richtungen und stellen dabei deutlich ihre Kneifzangen zur Schau. Man

Amseln mögen Fallobst.

Igel fühlen sich in Obstgärten wohl.

Obstbäume im Garten

Den Schnabel gestrichen voll: Wendehälse füttern ihre Jungen mit Ameisen.

sagte den lichtscheuen Gesellen nach, daß sie im Ohr verschwänden, um sich dort festzuzwicken. Auch wenn eine solche Verirrung nicht völlig auszuschließen ist, zählen Menschenohren ganz sicher nicht zu den üblichen Aufenthaltsorten der Ohrwürmer. Diese Vorstellung ist in ganz Europa verbreitet und spiegelt sich in den landesüblichen Bezeichnungen für den Ohrwurm wider. Die Franzosen sagen zu ihm perce-oreille = Ohr-Stecher, die Engländer earwig = Ohr-Käfer, und die Deutschen nennen ihn eben Ohrwurm oder Ohr-Kneifer.

Die Zangen des Ohrwurms sind jedoch weniger Kneifwerkzeuge als vielmehr Präzisionspinzetten. Mit ihrer Hilfe kann er größere Beute festhalten und mit einem gezielten Biß der Mundwerkzeuge töten. Außerdem ermöglichen sie ihm, seine Partnerin vor dem Geschlechtsakt richtig zu packen und sich vor dem Abflug in eine günstige Startposition zu bringen.

Unter den kurzen Flügeldecken auf dem Ohrwurm-Rücken vermutet man kaum tragfähige Flügel. Dennoch besitzen Ohrwürmer sogar verhältnismäßig große Flügel, die allerdings nur höchst selten zum Einsatz kommen. Kaum jemand hat schon einmal fliegende Ohrwürmer beobachtet. Die Flügel sind sehr platzsparend zusammengefaltet. Vor dem Start hebt der Ohrwurm seine Flügeldecken an und entfaltet sie mit seinen Zangenfortsätzen wie Fächer.

Für Gärtner ist der Ohrwurm von großem Nutzen. Das hat sich in der deutschen Gartenlandschaft schon längst herumgesprochen: Ohrwurmhäuschen an Obstbäumen und Gartenpfählen – umgedrehte, mit Heu oder Holzwolle gefüllte Blumentöpfe – sollen den wärme- und feuchtigkeitsliebenden Insekten Unterschlupf gewähren. Allerdings vertilgen Ohrwürmer keineswegs, wie vermutet, nur geschwächte Insekten oder lästige Blattläuse. Zumindest der Gemeine Ohrwurm *(Forficula auricularia)* geht gerne auch an zarte Pflanzenteile, sogar an Früchte.

Kulturfolger auf Rückzug

Geradezu ein Symbolvogel der Obstwiesen ist der etwa 22 cm kleine Steinkauz. Er gilt als Lieblingsvogel der griechischen Göttin Athene und trägt daher den klangvollen wissen-

Am Boden erbeutet er Regenwürmer, Käfer, Heuschrecken, Amphibien, Reptilien und Mäuse. Daneben macht er genauso erfolgreich Jagd auf Kleinvögel. Und die Höhlen in Obstbäumen sind seine liebsten Brutplätze. Die Abholzung von Hochstämmen und die Beseitigung von Obstwiesen zwingt den Kulturfolger jedoch mehr und mehr zum Rückzug.

Buntspecht zimmert Bruthöhle im Obstbaum.

Deutsche Wespe nascht an überreifer Pflaume.

Wacholderdrosseln sind Freibrüter. Neuerdings brüten sie auch in Gärten.

schaftlichen Namen *Athene noctua*. Nicht so lichtscheu wie die meisten Eulen, lassen sich Steinkäuze auch tagsüber beim Jagen, Staub- und Sonnenbaden beobachten. Ursprünglich sind sie in trocken-warmen, naturbelassenen Lebensräumen mit einem reichen Angebot an Kleintieren heimisch; sie nutzen aber auch unsere offenen und halboffenen Landschaften in klimatisch günstigen, tiefer gelegenen Regionen Mitteleuropas. Auf Obstwiesen findet der Steinkauz alles, was sein Herz begehrt:

Der Gemeine Ohrwurm vertilgt Blattläuse.

HERB

S T

Das Sommergrün weicht herbstlichen Farben. Morgens ist es manchmal schon richtig kühl, aber die Sonne spendet tagsüber noch angenehme Wärme – Altweibersommer. Reifezeit. Erntezeit. Bei den Nutzgärtnern stehen jetzt Einkochen und Einlagern auf dem Programm. Aber nicht nur wir Menschen, sondern auch viele Tiere rüsten sich jetzt für die kalte Jahreszeit.

Grünling auf Sonnenblume

Streifzüge durch den herbstlichen Garten

Aus eigener Erfahrung wissen wir, daß sich die Abläufe in der Natur nicht streng an den Kalender halten. Es gibt Jahre, in denen der Frühling früher, der Winter später einsetzt. Viel genauer als ein Kalender kann uns die Phänologie bestimmter Pflanzen, d. h. ihre Vegetationsentwicklung, die Jahreszeiten zeigen. Blattaustrieb, Beginn der Blüte, Fruchtreife, Blattverfärbung und Blattfall der Laubbäume sind wichtige Anhaltspunkte für den phänologischen Pflanzenkalender.

In unserem Garten läuten die blaß lilafarbenen Blüten der Herbst-Zeitlose, einer giftigen Zwiebelpflanze, den Frühherbst ein. Roßkastanie, Holunder und Liguster tragen jetzt Früchte. Herbstäpfel und Herbstbirnen sind reif. Im Vollherbst können wir die ersten Winteräpfel ernten, Winter-Linde, Rot-Buche oder Stiel-Eiche hängen voller Früchte, die Laubbäume sind bunt verfärbt. Mit dem Blattfall setzt der Spätherbst ein. Die ersten Blüten der Christrose kündigen den Winter an.

Schlehenfrüchte – bei Vögeln beliebt

In der Hecke ist was los

Im Herbst herrscht in Naturhecken rege Betriebsamkeit. Das große Früchteangebot lockt viele Tiere an. Es lohnt sich, dort einen Monat lang alle Veränderungen zu beobachten. Welche Tiere kommen zu Besuch?

Nicht nur Kindern macht es Spaß, Herbstlaub zu sammeln. Legen Sie einmal eine Laubblattsammlung aus Ihrem Garten an! Die Blätter werden zwischen Papier getrocknet und gepreßt. An unserer Hecke läßt sich der fortschreitende Laubfall dokumentieren. Wo beginnt er (oben, unten, Himmelsrichtung)? Und wie setzt er sich fort? Welche Früchte reifen zu welcher Zeit?

„Wandervögel" machen Station

Wenn ihnen das Platz- und Nahrungsangebot in unserem Garten zusagt, kehren im Herbst zahlreiche Zugvögel bei uns ein, um sich auf ihrem Weg gen Süden zu stärken. Welche Arten kommen vor? Was fressen sie in unserem Garten? Tauchen sie einzeln oder in Trupps auf?

Zu den „Wandervögeln" gehören auch einige Schmetterlinge, die manchmal Flugwege

Der bunte Distelfink bevorzugt Distelsamen.

Herbststimmung: Der Kirschbaum verfärbt sich und wirft sein Laub ab.

Florfliege: Herbstform

von 1000 km in Kauf nehmen. Wann können Sie welche Schmetterlinge im herbstlichen Garten antreffen?

Unterschlupf für Winterschläfer

Besser als Igel ins Haus zu holen, ist es, ihnen im Garten Winterquartiere zu bieten. Alte Laubhaufen, dichtes Reisiggestrüpp an und unter der Gartenhecke oder ein locker geschichteter Komposthaufen laden Igel zum Winterschlaf ein. Jetzt ist auch die Zeit, Nistkästen zu reinigen. Sie sind nämlich nicht nur zum Brüten da. Im Winter werden sie von Vögeln gerne als Nachtquartier genutzt. Alte Wespen- und Hornissennester werden nie ein zweites Mal bewohnt. Sie können aber einigen schmarotzenden Insekten noch als Winterquartier dienen.

Siebenschläfer: im Herbst Speck anfressen

Kugelnest der Haselmaus

Farben der Saison

Nicht nur der Mai macht alles neu. Im Laufe des Jahres gehen auch die Tiere mit der „Mode". Und im Herbst tragen viele schon die neue Winterkollektion.

Seit August ist es in unserem Garten ziemlich still geworden. Wir hören und sehen unsere Singvögel kaum noch. Ihr „Abtauchen" hat einen Grund. Die meisten von ihnen machen in dieser Zeit einen Federwechsel durch, sie sind in der Mauser. Die komplizierte Feinstruktur der Vogelfedern ist tagtäglich enormen mechanischen und klimatischen Belastungen ausgesetzt; auch Parasiten machen sich am Gefieder zu schaffen. Nach einem Jahr zeigen die Vogelfedern deutliche Abnutzungserscheinungen. Besonders ramponiert sind die mittleren und äußeren Schwanzfedern sowie die Spitzen der Schwingen.

„Perlstar": Herbstkleid mit hellen Federsäumen

Auch Vögel brauchen neue Kleider

Da die Mauser die Vögel körperlich stark beansprucht, muß sie zeitlich genau auf deren Lebenszyklus abgestimmt sein. So sorgen verschiedene Hormone dafür, daß die Vögel sich erstmals nach dem Flüggewerden und später regelmäßig vor dem Winter mausern. Die Mehrzahl der Gefiederten erneuert immer nur einige Federn auf einmal. Die Lücken in Flügeln und Schwanz verschieben sich dabei allmählich nach einem festen Schema. Nur ganz wenige Vögel werfen ihre Flügelfedern innerhalb weniger Tage fast komplett ab. Sie sind dann für einige Zeit flugunfähig und verstecken sich in der Vegetation oder ziehen sich, wie vor allem Enten das tun, in großen Trupps aufs Wasser zurück.

Herrenmode im Wandel

Im Frühjahr putzen sich die Männchen für die Balz besonders schön heraus. So auch die männlichen Buchfinken. Haben sie ihr Hochzeitsgewand angelegt, ist die blaugraue Kopfzeichnung am intensivsten gefärbt. Jetzt lassen sich die Geschlechter besonders gut unterscheiden.

Junge unerfahrene Hausrotschwanz-Männer allerdings führen ihre Artgenossen hinters Licht. Sie tragen „Frauenkleider", d. h. sie tarnen sich als Weibchen und behaupten sich auf diese Weise gegen die älteren Männchen. Mönchsgrasmücken-Jünglinge machen es sich da einfacher: Sie setzen lediglich die rotbraune Kopfplatte der Weibchen als „Tarnkäppchen" auf.

Sommer- und Winterpelze

Die Haare der Säuger dagegen wachsen ständig und unauffällig nach. Jedoch haben Arten, die in Gegenden mit ausgeprägten Jahreszeiten leben, oft auch einen echten Haarwechsel. Er soll das Fell an die besonderen Erfordernisse der Jahreszeit, d. h. bessere Wärmeisolierung und geeignete Tarnfarbe, anpassen. Den auffälligsten Wandel in unserem Garten vollzieht das Hermelin: Bis auf die stets schwarze Schwanzspitze trägt es im Sommer Braun (mit gelblich-weißer Unterseite), im Winter meist Reinweiß. Die Ohren der Eichhörnchen zieren im Winter lange Haarbüschel; im Sommer turnen sie ohne Ohrbüschel herum.

Brutkleid: Die hellen Ränder sind abgewetzt.

Saisondimorphismus: Landkärtchen im Frühjahr

Die Sommergeneration ist dunkel gezeichnet.

Im Sommer ist die Oberseite des Hermelins braun.

Hermelin im Winterpelz

Eichhörnchen im Winter mit langen Ohrpinseln

Im Sommer tragen Eichhörnchen keine Haarbüschel auf den Ohren.

Hecken – Leben im Grenzbezirk

Jetzt im Herbst sehen Gartenhecken besonders bunt aus. Der Farben- und Formenreichtum ihrer Blätter und Früchte ist so groß, als wollten sie sich gegenseitig an Schönheit übertreffen. Im dichten Gestrüpp herrscht darüber hinaus „tierischer" Hochbetrieb.

Hecken an sich faszinieren uns von Kindesbeinen an. Wo sich etwa ein Loch im scheinbar undurchdringlichen Dickicht auftut, kann man hineinkriechen und die Geheimnisse des Heckeninneren ergründen, selbst geborgen und vor der Außenwelt gut versteckt. Diese Vorteile machen sich auch viele Tiere zunutze.

Hecken im Wandel der Zeit

Hecken sind natürliche Grenzstrukturen. Sie wachsen dort, wo zwei verschiedene Lebensräume aufeinandertreffen, etwa Wälder und offene Fluren.

Jahrhundertelang waren Hecken in der bäuerlichen Kulturlandschaft als Umgrenzungen und Windschutz beliebt. Als Feld- und Wallhecken, Knicks und Riegel schrieben sie Heimat- und Kulturgeschichte. Erst der modernen Landwirtschaft waren sie ein Dorn im Auge. Die Fluren wurden bereinigt, denn mit großen Maschinen kann man nur weitläufige Anbauflächen gewinnbringend bewirtschaften.

Sowie Hecken aus der Feldflur verschwanden, gewannen sie als Gartenbegrenzungen im Siedlungsbereich an Boden – gemäß dem vorherrschenden Geschmack allerdings hauptsächlich Zierhecken, die zudem aus Platzmangel noch regelmäßig beschnitten werden.

Kaum Leben im Lebensbaum

Eine besonders beliebte Grundstücksbegrenzung ist die Thujaschnitthecke. Sie wird sehr dicht, braucht wenig Platz und wächst langsam – muß also nicht so oft gestutzt werden. Obwohl man die Thuja auch Lebensbaum nennt, wirkt die Hecke ziemlich tot. Ihr dichter Wuchs schützt allerdings die Gartenvögel vor Katzen. Amseln, Grünlinge und Grasmücken bauen deshalb in Thujahecken gerne ihre Nester, ebenso Dompfaff, Hänfling, Girlitz und Gelbspötter. Doch viel mehr als eine Nistgelegenheit für Gartenvögel und ein Sichtschutz vor neugierigen Nachbarn können sie nicht sein: Thujahecken tragen weder nahrhafte Blüten und Früchte, noch dulden sie andere Pflanzen in ihrem Schatten.

Das Rotkehlchen wohnt in Hecken und im Unterholz.

Verlockendes Angebot: Gimpelmännchen an Vogelbeeren

Alles in einer Hecke

Hecken aus heimischen Wildsträuchern haben vielfältige Lebensräume und Kleinklimazonen auf engstem Raum zu bieten und werden den Ansprüchen der verschiedensten Tiere gerecht. Nektar- und Pollenliebhaber finden reichlich Nahrung, fallenstellende Spinnen wiederum profitieren vom Andrang der Blütenbesucher. Viele Hecken bestehen aus idealen Futterpflanzen für Schmetterlingsraupen. Busch- und Bodenbrüter nisten gerne im Heckendickicht, Arten der offenen Landschaft suchen tagsüber gelegentlich darin Zuflucht. Schattenliebende Tiere finden immer ein geeignetes Plätzchen, Sonnenanbeter kommen ebenso auf ihre Kosten. Greifvögel beziehen auf Hecken ihre Ansitz- und Spähposten. Insekten, Gehäuseschnecken oder

Goldammermännchen nutzen Hecken gerne als Singwarten.

Die unauffällige, ungesellige Heckenbraunelle versteckt sich in Büschen und Hecken.

HECKEN – LEBEN IM GRENZBEZIRK

Haussperlinge leben meist in Trupps und fallen oft laut in Hecken ein.

Zaungrasmücken brüten in Hecken.

winterschlafende Kleinsäuger schlagen darin ihr Winterquartier auf.

Angebot und Nachfrage regeln die Zahl der Heckenbewohner. Auch wenn wir in unserer Gartenhecke nicht alle Heckentiere erwarten können, so bereichert sie unseren Garten doch enorm.

Mäuseland

Die Gartenhecke ist auch ein beliebter Aufenthaltsort von Mäusen – der „echten" wie der „falschen". Sie suchen dort Schutz und Nahrung. Jetzt dringt leises Zirpen und Zwitschern aus dem Heckeninneren an unser Ohr: Spitzmäuse, kleine Insektenfresser mit Raubtiergebiß, „unterhalten" sich im Unterholz. Vermutlich sind es Feldspitzmäuse. Mit den nagenden Mäusen haben sie nichts gemein. Sie sind viel geselliger als die eigenbrötlerischen Hausspitzmäuse, die sich lieber in stille Ecken unseres Gartens zurückziehen. Beide Spitzmäuse nutzen Hohlräume unter Pflanzenteilen und im Boden, fühlen sich aber auch in Gangsystemen von Mäusen und in Maulwurf-Behausungen wohl. Sie vertilgen Insekten, Würmer, Schnecken und selbst junge Mäuse, lassen aber auch Aas nicht verkommen.

Mauswiesel jagen in Hecken nach Mäusen.

Auch „richtige" Mäuse aus der Ordnung der Nagetiere treiben sich in unserer Gartenhecke herum, darunter Wühlmäuse, etwa die Rötelmaus, und Langschwanzmäuse wie Haus-, Wald- und Gelbhalsmaus. Die kleinen Nager gehen keineswegs nur an Blätter, Kräuter, Samen oder Früchte. Auch Insekten, Schnecken und Würmer, selbst Aas, stehen auf ihrem Speiseplan. Gerade huscht ein bräunliches Mäuschen mit körperlangem Schwanz schattengleich an uns vorbei, stellt sich auf die Hinterbeine und hüpft wie ein Känguruh mit großen Sätzen davon. Unsere „Springmaus" ist eine Waldmaus.

Es liegt was in der Luft

Auf seinem Beutezug schaut ein Hermelin auf einen Sprung an unserer Gartenhecke vorbei. Schlangengleich windet es sich im Heckendickicht über Äste hinweg und zwischen Steinen hindurch, den lockenden Mäuseduft in der Nase. Doch während Hermeline Generalisten sind und auch für Vögel, Insekten und Weichtiere schwärmen, hat sich ihr kleinerer Verwandter, das Mauswiesel, ganz und gar der Mäusejagd verschrieben. Das kleinste Raubtier der Welt ist nicht von den Aktivitätsphasen seiner Beutetiere abhängig. Es verfolgt sie bis in ihre Ruhequartiere und durch sämtliche Gänge. Deshalb muß das Mauswiesel auf seine „schlanke Linie" achten und kann es sich nicht leisten, Speck anzusetzen. Es geht rund um die Uhr auf Jagd, weil es seine hohen Energieverluste durch ständiges Fressen ausgleichen muß.

Oft nutzt der flinke Mäusejäger nach dem Verspeisen der Erbauer noch deren Behausungen, um darin seine Jungen aufzuziehen.

> **Von Heckenwesen**
> Intakte Heckensysteme können bis zu 7000 verschiedene Arten beherbergen. Zwei Drittel unserer Reptilienarten leben in naturnahen Hecken, 50% aller heimischen Säuger, 20% aller Brutvögel und sogar rund 90% unserer Schlupfwespen – und das sind immerhin über 5000 Arten – finden in Hecken ein Zuhause.

Lohnende Jagdgründe in der Hecke: Feldspitzmaus und ...

... Waldspitzmaus müssen hier nicht darben.

Igel – unbekümmerte Stachelritter

Während die meisten Kleinsäuger im Garten ausgesprochen heimliche Wesen sind und den Kontakt mit Menschen möglichst meiden, ist das nächtliche Schnauben und Schmatzen des Igels kaum zu überhören.
Diese Unbekümmertheit kann er sich leisten, schließlich trägt er ja ein wehrhaftes Stachelkleid. Je nach Körpergröße besteht diese „Rüstung" aus 5000 – 7000 Stacheln. Ist Gefahr im Verzug, rollen sich Igel mit Hilfe eines dicken Muskelringes zu einer Stachelkugel ein und sind so rundherum uneinnehmbar wie eine Festung. In weniger kritischen Situationen klappt der Igel oft auch nur sein „Visier" herunter, indem er die Stachelhaut tiefer ins Gesicht zieht.
In den ersten lauen Aprilnächten verläßt der Igel sein Winterquartier und streift wieder durch die Lande. Er hat es vor allem auf Regenwürmer, Insekten und Schnecken abgesehen. Aber auch kleine Wirbeltiere wie junge Mäuse, Jungvögel, Eidechsen, Frösche und selbst Schlangen schmecken ihm. Gegen das Gift der Kreuzotter scheint er gefeit zu sein.

Alles andere als leise

Von April bis August wird bei den Igeln lautstark Hochzeit gefeiert. Nach 5 – 6 Wochen Tragzeit kommen dann 3 – 10 Junge zur Welt, die bereits ein Stachelkleid tragen. Für die Mutter ist die Geburt gefahrlos, denn die Stacheln sind noch weich und in die Haut versenkt. Mit 14 – 18 Tagen öffnen die Kleinen die Augen, und mit frühestens drei Wochen verlassen sie – unter Aufsicht der Mutter – das Nest zu gemeinsamen Streifzügen. Igel bringen ein- bis zweimal pro Jahr Junge zur Welt; diese sind in der Regel ein Jahr nach der Geburt selbständig.

Gefährliche Streifzüge

Igel sind Einzelgänger. Ihre Reviere sind immer viel größer als ein normaler Garten. Auf ihren nächtlichen Wanderungen durch Siedlungen und Siedlungsrandlagen überqueren sie häufig Straßen oder suchen dort in

Igelmutter mit Jungen: Nach ca. 3 Wochen gehen sie erstmals gemeinsam auf Nahrungssuche.

Zum Schlafen rollen sich Igel zu einer Stachelkugel ein.

Igelreviere enden nicht an Gartenzäunen; sie sind größer.

Nach 5 Wochen trennen sich die Wege der Familienmitglieder.

Uneinnehmbare Stachelkugel

Igelgeschwister unter sich

feuchtwarmen, regenreichen Nächten auf der Teerdecke kriechende Regenwürmer. Diese aus Igelsicht bequemen Beutezüge werden den Stachelrittern oft zum Verhängnis. Igel gehören neben Hauskatzen zu den häufigsten Wirbeltier-Opfern des Straßenverkehrs. Etwa eine Viertelmillion Igel lassen alljährlich auf unseren Straßen ihr Leben – allein 80 % davon im Randbereich von Siedlungen.

Noch einmal richtig vollfressen

Die Zahlen belegen auch die enge Bindung der Igel an Siedlungen und Gärten. Auf den kurzgeschorenen Rasenflächen finden sie reichlich Regenwürmer, im Herbst auch Fallobst, Beeren und Pilze. Diese Leckerbissen verspeisen sie in solchen Mengen, daß sie in nur drei Wochen ihr Gewicht verdoppeln können. Ist die Igelwampe dick genug und fällt die Temperatur längere Zeit unter 10 °C, sucht sich der Igel im späten September oder Anfang Oktober bereits ein sicheres Plätzchen, um sich im ausgepolsterten Nest zum Winterschlaf einzurollen.

Früchteliebhaber und Samenverzehrer

Jetzt im Herbst erheben auch unsere tierischen Mitbewohner Anspruch auf das reichhaltige Angebot an Beeren, Obst und Gemüse in unserem Garten. Aber Teilen fällt nicht nur Kindern schwer. Erst wenn die Ernte eingefahren ist, lassen wir die tierischen Naschmäuler bedenkenlos gewähren.

Bluthänfling – wie viele Vögel ein Samenverzehrer

Äpfel fernab jeder Norm

Einige Früchte hängen so weit oben im Baum, daß wir nicht an sie heranreichen. Andere wiederum bleiben als Fallobst oft von uns unbeachtet liegen. Auch wenn das Obst den handelsüblichen Bestimmungen längst nicht mehr genügt, so finden diese Restposten bei Tieren noch bis tief in den Winter hinein reißenden Absatz. Immer wieder fliegen verschiedene Vögel bereits schrumpelige Äpfel oder Pflaumen an und picken sich ein Stückchen Fruchtfleisch heraus. Neben diesen Beständen sind auch die Früchte heimischer Sträucher wichtige Futterquellen der bei uns überwinternden Vogelschar.

Auch Bilche, Steinmarder und Rotfüchse finden Geschmack an süßen Früchten. Die Reste der vorangegangenen Mahlzeit – etwa Obstkerne – können wir noch in ihren Hinterlassenschaften entdecken.

Haben Äpfel und Birnen kleine Öffnungen, aus denen braune Krümel rieseln, sitzt die Raupe des Apfelwicklers, eines Schmetterlings, im Kerngehäuse.

Die Larven des Haselnußbohrers entwickeln sich im Inneren von Haselnüssen. Sobald die Larven sie ausgefressen haben, fallen die Nüsse zu Boden. Um ins Freie zu gelangen, nagen die Larven ein winziges Loch in die Schale. Bei der Nußernte erleben wir dann so manche Überraschung: Einige Nüsse entpuppen sich als „Nieten".

Clowns zu Besuch

Die Frucht- und Samenstände von Gräsern und Disteln in unserer wilden Gartenecke oder auch Sonnenblumen helfen Körnerliebhabern und Samenverzehrern über den Winter. Wie bunte Farbtupfer wirken die Distelfinken unter den gedeckten Spätherbstfarben. Sie haben es auf Sonnenblumenkerne oder – wie ihr Name schon sagt – auf Distelsamen abgesehen. Scharenweise suchen sie jetzt die Gärten danach ab. Ihre clownhafte Maskerade – die knallrote Gesichtsmaske, der ansonsten schwarz-weiße Kopf und die leuchtend gelben Flügelspiegel – macht diese Finkenvögel unverwechselbar. Ihren Zweitnamen Stieglitz verdanken sie ihrem Flugruf „stigelitt". In wellenförmigem Flug nähert sich ein Distelfink jetzt der Distelecke, landet auf einem Distelkopf und nimmt den Samenstand gründlich auseinander. Je nach Stengeldicke wenden Distelfinken unterschiedliche Techniken an, um an ihre Nahrung heranzukommen. Auf kräftigen Pflanzenstengeln landen sie obenauf. Dünne Stengel fliegen sie von unten an und erklimmen sie Schritt für Schritt solange, bis sie sich schließlich unter dem Gewicht der Vögel waagerecht stellen oder ganz bis zum Boden durchbiegen. Noch dünnere Stengel umklammern sie zu mehreren, damit sie ihr Körpergewicht tragen. Was ihre Freßgewohnheiten betrifft, so tun es Distelfinken den Meisen gleich: Mit dem Kopf zuunterst, turnen sie auf Distelköpfen herum und suchen sie nach Samen ab. Aber auch wenn sie die Disteln noch so gründlich abernten – es bleiben immer noch genug Samen zur Vermehrung übrig.

Distelfinken sind Teilzieher, d. h. nur ein Teil von ihnen verbringt den Winter in südlichen Ländern, der Rest bleibt in Westeuropa. Im Winter sehen wir sie daher nur selten in unseren Gärten.

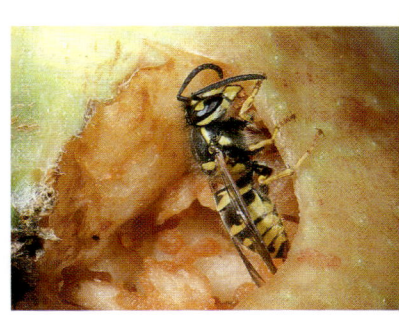

Das Eichhörnchen frißt neben Nüssen und Zapfen auch Beeren, Pilze und Kleintiere.

Wespe an Apfelfruchtfleisch

Hungrig: Ein Distelfink hat eine Wilde Karde entdeckt.

Viele Vögel schätzen Vogelbeeren, auch die Wacholderdrossel.

Ein Star kommt selten allein

Stare sind Höhlenbrüter. Nistkästen werden jahrelang regelmäßig besetzt.

Stare fallen gleich mehrfach auf. Im Spätsommer und Herbst tauchen sie meist in großen Schwärmen auf. Ihr unablässiges Geschwätz ist nicht zu überhören. Obst- und Weinbauern sind die Schleckermäuler oft ein Dorn im Auge. Und so mancher Kleingartenbesitzer versucht vergeblich, seine Kirschernte gegen die einfallenden Horden zu verteidigen. Außerdem brillieren Stare mit ihrem facettenreichen Gesang. Und damit nicht genug: Im Herbst nach der Mauser glänzen sie mit ihrer weiß gesprenkelten Ober- und Unterseite als „Perlstare".
Im Gegensatz zu den Meisen besetzen Stare selbst zur Brutzeit keine richtigen Reviere; ihre Nester liegen dicht an dicht. Diese Eigenart machte man sich früher zunutze: Stare wurden mit Nistkästen angelockt. Die Kastenbauer dachten dabei nicht etwa an den Vogelschutz, sondern vielmehr an reiche Jungstarbeute für den heimischen Kochtopf.

Männerfreundschaft
Das Geselligkeitsbedürfnis der Stare geht so weit, daß die Männchen zwar tagsüber ihrer Partnerin beim Brüten helfen, sich nachts aber regelmäßig zu Männerschlafgesellschaften zusammenfinden. Dabei schläft der Verein allerdings keineswegs, sondern schwätzt bis tief in die Nacht hinein.

Ins Schwärmen geraten
Die Jungstare der ersten Brut bilden umherstreifende Trupps, die sich bis zum Herbst zu riesigen Starenschwärmen zusammenschließen. Vor Sonnenuntergang beginnt dann das beeindruckende Schauspiel des Schlafplatzeinflugs: Zehntausend oder mehr Stare sammeln sich an meist traditionell genutzten Schlafplätzen. Diese können im Schilf von Gewässern und Feuchtgebieten, aber auch mitten in Großstädten liegen, und dort selbst an ganz belebten und grell erleuchteten Plätzen.

Ganz schön gewitzt

Ihre städtischen Schlafplätze haben sich die Stare erst in diesem Jahrhundert erobert. Intensiv genutzte Obstplantagen und ausgedehnte Weinbaugebiete garantieren den Staren ein sattes Leben. Auch Rasenflächen bieten ihnen frische Nahrungsquellen. Blitzschnell eilen sie im Verband herbei, stolzieren mit großen Schritten umher und untersuchen den Boden mit flinken Schnabelstößen auf Würmer, Insekten und deren Larven. Alle Vertreibungsversuche – von Böllern bis hin zum Abspielen ihrer Angstschreie vom Tonband – funktionieren nach dem „Sankt Florians-Prinzip": Von einer Stelle – wenn auch nur kurzfristig – vergrault, suchen sich die Schlauberger eben ein anderes Plätzchen.

Gerne sitzen die Stare auch auf Weidetieren, um sich deren lästige Plagegeister schmecken zu lassen, ähnlich den afrikanischen Madenhackern.

Stare verteidigen nur die unmittelbare Nestumgebung.

Gleich truppweise fallen Stare zur Nahrungssuche auf kurzgeschorenen Rasenflächen ein.

Junge Stare werden rund 3 Wochen versorgt.

Im zeitigen Frühjahr schillern Stare in ihrem Brutkleid grünblau-metallisch.

Streit ums Futter – im Winter keine Seltenheit

Eifrige Vorratssammler

Bei Gartenbesitzern ist der Sammeltrieb oft besonders stark ausgeprägt. Schließlich zieht man Selbstangebautes Gekauftem vor. Und weil das Angebot saisonal begrenzt ist und die Ernte oft sehr üppig ausfällt, kommt man ums Lagern und Haltbarmachen gar nicht herum. Mit dieser Vorratshaltung befinden wir uns in bester tierischer Gesellschaft.

Der Maulwurf mag Regenwürmer; vor dem Winter legt er davon Vorräte an.

Winterliche Nahrungsengpässe lassen sich mit Vorräten aus besseren Zeiten überbrücken. Während vor allem Winterschläfer, aber auch viele andere Säuger, ihre „Speisekammern" in Form von Fettpolstern mit sich herumschleppen, sammeln manche Tiere Futter und lagern es in echten Vorratskammern. Im Garten tun das vor allem einige Nager und der Maulwurf.

Frischfleisch im Depot

Schließlich will der Maulwurf auch in der kalten Jahreszeit nicht darben. Deshalb fängt er rechtzeitig vor Wintereinbruch große Mengen Regenwürmer, lähmt sie durch einen Biß in das Vorderende und deponiert sie in seinen Gängen. In solch einem Maulwurf-"Frischfleischdepot" wurden schon sage und schreibe 287 Regenwürmer mit einem Gewicht von insgesamt 820 g gezählt!

Der Iltis ist ein eher seltener Gartenbesucher. Man sagt ihm nach, daß er seine Beute – vor allem Frösche und Kröten – durch einen gezielten Biß ins Rückgrat lähmt, sie in sein Versteck schleppt und sich dort einen lebendigen Fleischvorrat anlegt. Doch neueren Untersuchungen zufolge geschieht diese Vorratshaltung nicht mit Bedacht, sondern vermutlich rein zufällig. Der Iltis ist ein „Stöberjäger". Er jagt Beutetiere, wann immer sich ihm eine Gelegenheit bietet – nicht nur, wenn er Hunger hat. Es kann schon einige Zeit verstreichen, bis er sie dann endlich verzehrt. Frösche und Kröten fängt er auf besondere Weise: Er beißt sie nicht tot, sondern er walkt die oft giftigen (Hautgifte!) Amphibien mit seinen Vorderpfoten tüchtig durch, bevor er sie in sein Versteck transportiert. Dort bleiben sie im Winter wegen der niedrigen Temperaturen regungslos liegen und trotz Bißverletzungen noch lange am Leben.

Der Steinmarder, ein Verwandter des Iltis, läßt sich im Gegensatz zu diesem häufiger im Garten blicken. Auch er hat seine Vorratsverstecke. Viele von uns haben sie schon unter der Kühlerhaube ihres Autos entdeckt: Ein angebissenes Brötchen oder Eierschalen auf dem Motorblock sind die Überreste einer Mardermahlzeit.

Früchte wiegen schwer

Verbreiteter als das Anlegen von Fleischdepots ist das Sammeln von Früchten. Ein Tier prägte den Begriff des „Hamsterns": der Feldhamster. In diesem Tun ist er selbst uneingeschränkter Meister. Ursprünglich auf offenen, landwirtschaftlich genutzten Flächen mit

Der Iltis versteckt seine Vorräte.

Der Steinmarder trägt ein Ei ins Versteck.

Getreide-, Klee- und Luzernenanbau zu Hause, verdient dieser Kulturfolger beim Thema Vorratssammeln besondere Aufmerksamkeit. Sein Sammeltrieb wiegt kiloschwer. Getreidekörner, Kartoffeln, Erbsen, Rübenstücke und Luzernenwurzeln schleppt er aus bis zu 700 m Entfernung im Herbst in seinen Bau. 15 kg Hamstervorrat sind keine Seltenheit, es kamen aber auch schon einmal 65 kg auf die Waage!

Wenn wir im Herbst die Nistkästen in unserem Garten reinigen, finden wir darin gar nicht so selten Bucheckern, Eicheln oder Haselnüsse, im Frühjahr die entsprechenden Schalenreste. Die Funde belegen die Vielfachfunktion von Nistkästen. Wald- und Gelbhalsmäuse tragen die Früchte gerne an geschützte Orte, um sie dort entweder gleich zu verspeisen oder aber einen Vorrat davon an-

Schon sprichwörtlich: Der Feldhamster „hamstert" Nahrung für den Winter.

Die Gelbhalsmaus legt Vorräte in Nistkästen an.

EIFRIGE VORRATSSAMMLER

zulegen. Manchmal finden sich unter den Vorräten auch Insektenreste.

Sammlern über die Schulter geschaut
Von allen Vorratssammlern lassen sich Eichhörnchen noch am ehesten beobachten. Im eigenen Garten oder im nahegelegenen Park turnen sie in Sträuchern und Bäumen herum und decken sich für den Winter mit Nadelbaumsamen, Bucheckern, Eicheln und Haselnüssen ein. Daneben mögen Eichhörnchen auch Walnüsse, Hainbuchensamen, Roß- und Edelkastanien, verschiedene Beeren, Pilze, Vogeleier, Jungvögel und Schnecken. Außerdem nagen sie Rinde, Knospen und junge Triebe an.

Samen und Nüsse tragen sie einzeln im Maul fort. Teils vergraben sie ihren Vorrat im Boden oder verstecken ihn in Baumhöhlen, teils klemmen sie ihn in Rinde oder Astgabeln. Mit Pilzen verfahren sie nicht anders: Der Zoologe Gauckler beobachtete einmal,

Steinmarder suchen im Garten nach Freßbarem.

Von Fuchsrot bis Schwarzbraun reicht die Färbung des Eichhörnchens.

Eichhörnchen – Nußdepot im Boden

wie ein Eichhörnchen innerhalb von zwei Stunden in einem Umkreis von 50 m ungefähr 35 Schirmpilze pflückte, sie einzeln zu einer 10 m hohen Tanne trug und dort in Astgabeln deponierte. Eichhörnchen vergraben ihre Sämereien in der Gegend verstreut, dicht unter der Erdoberfläche – und zwar möglichst so, daß Eicheln, Bucheckern oder Nüsse die Wurzeln oder den Stamm eines Baumes berühren. Die Verstecke lernen sie nicht etwa auswendig; sie finden sie wieder, indem sie geeignete Stellen systematisch danach absuchen. Dabei hilft dem putzigen Vorratssammler sein ausgezeichneter Geruchssinn, der ihn beispielsweise aus 30 cm Entfernung zielsicher zu einem einzelnen Haselnußkern im Boden leitet. Wo Eichhörnchen oder andere Schleckermäuler ihre verborgenen Nahrungsschätze nicht heben konnten, keimen die Samen aus und wachsen nicht selten zu Bäumen heran.

Ein tierischer Gärtner

Überall dort, wo Eichen stehen, ist auch der Eichelhäher im Herbst vollauf damit beschäftigt, Wintervorräte anzulegen. Bis zu 12 Eicheln stopft er in seinen Kropf und fliegt damit – meist noch mit einer Eichel im Schnabel – zu seinen Verstecken. Zwischen Wurzeln, in Rindenspalten, unter Laub oder im Boden verbirgt der lautstark rätschende Vogel mit den hellblau-schwarzgebänderten Flügeldecken seine Wintervorräte. Neben Eicheln sammelt er auch Haselnüsse und Bucheckern. Die meisten Leckerbissen findet der Eichelhäher im Verlauf der kalten Jahreszeit wieder, aber längst nicht alle. Aus den übrigen kann ein ganzer Wald nachwachsen. Dieses Verdienst brachte dem Eichelhäher schon das Prädikat „Gärtner des Waldes" ein. Im Zusammenhang mit Walderhaltung und -ausdehnung genannt zu werden, steht dem

Der Eichelhäher lagert ein Maiskorn in einem Pflanzenstengel ein.

Wie der Name schon sagt: Der Eichelhäher sammelt Eicheln für den Winter.

Eichelhäher allemal eher zu, als zum Vogelmörder abgestempelt zu werden. Zudem hat sich herausgestellt, daß der Anteil des Eichelhähers an der Vertilgung forstschädlicher Insekten größer ist als der seiner Vogelbeute.

HASELMAUS & CO. – DIE MUNTEREN SCHLÄFER

Die Mitglieder der Familie der Bilche oder Schläfer *(Gliridae)* machen ihrem Namen alle Ehre: Unsere heimischen Arten Sieben-, Garten-, Baumschläfer und Haselmaus sind ausgesprochene Langschläfer. Den Winterschlafrekord hält dabei der Siebenschläfer: Er bettet sich schon im September/Oktober zur Ruhe und wacht erst im Mai/Juni wieder auf.

Im Gegensatz zu ihren Mausverwandten besitzen Bilche einen dicht behaarten, teilweise sogar buschigen Schwanz.

Auf zu neuen „Ufern"

Alle Schlafmäuse sind ursprünglich Waldbewohner. Mit der Rodung der Wälder wurden ihre Überlebenschancen jedoch keineswegs beschnitten; die Anlage von Gärten verbesserte vielmehr die Lebensbedingungen mancher Arten. Obstbäume und Nußgehölze decken den Tisch der Bilche oft reichlicher als der natürliche Wald; in Gebäuden und Nistkästen finden sie zudem bestens geeignete Unterschlupfmöglichkeiten. Während sich die kleinste heimische Bilchart – die gelbbraune bis brandrote Haselmaus – in Wäldern, Parks, Feldhecken und Gebüsch heimisch fühlt und sich nur selten in Gebäude verirrt, dringt der Siebenschläfer sogar bis in Wochenend- und Gartenhäuser vor. Der Gartenschläfer mag felsiges Gelände, besiedelt aber auch Obst- und Weinbaugebiete. Baumschläfer sind nur lokal verbreitet. Die Speisekarte der Bilche ist recht umfangreich. Sie ernähren sich von Früchten, Samen, Knospen und Blättern, aber auch von Insekten, Schnecken und kleinen Wirbeltieren. Bei den größeren Bilcharten stehen auch höhlenbrütende Singvogelarten auf dem Speiseplan – und zwar sowohl die Eier als auch die Jung- und Altvögel.

Possierliche Poltergeister

Im Sommer sind Bilche ausgesprochen muntere Gesellen. Mit Ausnahme der Haselmaus machen die dämmerungsaktiven Tiere mitunter gehörigen Radau. Wenn Siebenschläfer nachts in Häusern ihr Unwesen treiben, geht das nicht ohne Pfeifen, Schmatzen, Knurren, Knirschen und Kratzen einher.

Während Haselmäuse im Sommer kunstvolle kugelige Nester aus trockenem Gras, Laub, Moos und Bast bauen, polstern die anderen Schläfer meist bereits vorhandene Höhlen in Bäumen, am Boden oder auch Nistkästen als Nestquartiere aus.

Die ortstreuen Tiere markieren ihr Revier in der Paarungszeit mit Duftmarken als „chemische Haustürschilder". Trächtige und säugende Weibchen sondern sich

Die possierliche Haselmaus ist die kleinste Bilchart.

Siebenschläferjunge werden 5 Wochen gesäugt und sind mit 8 Wochen selbständig.

Die Siebenschläfermutter trägt bei Gefahr ihre Jungen weg.

Zum Winterschlaf eingerollt: Haselmaus in „Bilchlage"

Siebenschläfer nisten gerne in Nistkästen

Gartenschläfer – Gesichtsmaske wie ein Panzerknacker

meist von Artgenossen ab. Selbst der Vater wird aus der Wochenstube verbannt. Wird das Weibchen gestört, transportiert es die Jungen in ein neues Quartier.
Vor dem Winterschlaf fressen sich alle Schläfer einen gehörigen Winterspeck an. Siebenschläfer können ihr Gewicht sogar verdoppeln. Die Winterschlafhaltung der Schläfer ist so charakteristisch, daß man ihr den Namen „Bilchlage" gab. Zusammengerollt schmiegen die Tiere ihren Kopf an den Bauch und legen die Pfötchen an die Backen, den Schwanz schlagen sie um Kopf und Nacken. Diese Lage reduziert die Körperoberfläche auf ein Minimum und hilft den Bilchen, wertvolle Energiereserven zu sparen.

Siebenschläfer à la Romana

Schon die alten Römer kannten den Wohlgeschmack des Bilchfleisches. Sie nutzten die Fähigkeit der Siebenschläfer, sich in kürzester Zeit ein Fettpolster zuzulegen, und mästeten sie in sogenannten „Gliarien", um sie anschließend als Leckerbissen zu verspeisen. In Frankreich werden Siebenschläfer noch heute als Delikatesse geschätzt.

W I N T

E R

Rauhreif und Schnee verwandeln unseren Garten in eine Märchenlandschaft. Die Arbeit draußen ist getan, die Ernte eingefahren. Für viele von uns beginnt jetzt eine Zeit der Besinnung. Auch im Garten kehrt Ruhe ein. Doch der Schein trügt: Es gibt vieles zu entdecken – nicht nur am Futterhaus.

Blaumeise an Futterglocke

Streifzüge durch den winterlichen Garten

Nach dem Laubfall entdecken wir in Hecken und Bäumen auf einmal Vogelnester, die uns in den vergangenen Monaten gar nicht aufgefallen sind. Jetzt stehen sie leer und sind zur Besichtigung freigegeben. Untersuchen Sie die Nester der Freibrüter einmal genauer und versuchen Sie, ihre Erbauer zu erraten! Bestimmungsbücher helfen dabei.

Manche Vögel hinterlassen auch noch andere Spuren, nämlich Gewölle. Es handelt sich um die unverdaulichen Reste von Beutetieren, die diese Vögel in Form kleiner Ballen auswürgen. Am bekanntesten sind die Gewölle von Eulen und Greifvögeln. Es lohnt sich, sie auf ihre einzelnen Bestandteile hin zu untersuchen: Tierhaare, Federn, Knochen, Insektenreste oder auch verschiedene Pflanzenteile.

Sobald der erste Schnee fällt, wird die Spurensuche besonders spannend. Auf der Neuschneedecke erzählen uns Spuren ganze Tiergeschichten, von der Futtersuche über ein Nickerchen bis hin zu Flucht und Tod.

Aufruhr am Futterhaus

Obwohl die Winterfütterung Vögeln nicht allzuviel bringt, bereitet sie – bei richtiger Handhabung – Jung und Alt immer wieder viel Vergnügen. Wie an Schlußverkaufstagen im Warenhaus geht es an Futterhäuschen oder an Meisenknödeln manchmal zu. Eine Auflistung der Gäste lohnt sich immer. Auch wer sich mit wem streitet und wer letztendlich die Oberhand behält, ist höchst interessant.

Weitab von dem lautstarken Spektakel am Futterhaus halten sich viele Tiere lieber an ruhigeren Plätzen in unserem Garten auf. Welche Tiere sind das? Was fressen sie? Wo verstecken sie sich? Bei allem Entdeckungsdrang gilt als oberstes Gebot auch im winterlichen Garten: Bitte nicht stören!

Insekten im Schnee

Im Winter sind auffällig wenige Insekten unterwegs. Eine Ausnahme machen die Schneeflöhe. Die zur Ordnung der Schnabelfliegen zählenden Winterhafte sind nur 2 – 4 mm groß und erinnern an junge Grillen. Sie ernähren sich von Moosen und toten Tieren. Bei Tauwetter wandern sie auf die Schneedecke. Nicht alle schwarzen Pünktchen auf dem Schnee sind also Schmutzpartikel. Manche entpuppen sich bei näherem Hinsehen auch als springlebendige Springschwänze.

Winterschläfer und Gäste

Manche Gartentiere ziehen sich zum Überwintern gerne aus dem Garten in Wohngebäude oder Schuppen zurück. Marienkäfer, Schmetterlinge wie das Tagpfauenauge oder

Hagebutten: Nahrung für Vögel, Igel und Feldhase

Im Winter stark besucht: das Futterhaus

Stimmungsvolle Kulisse: In winterlichen Gärten gibt es viel zu entdecken.

Grünlinge beim Futterstreit

der Kleine Fuchs, Florfliegen und einige Fledermausarten gehören dazu. Wer solche Wintergäste entdeckt, sollte sie unbedingt in Ruhe lassen und darf sich geehrt fühlen.

Neben den regelmäßigen Wintergästen, denen wir im Garten alljährlich begegnen, kommen andere nur unregelmäßig. Manche Vogelarten aus dem Norden und Osten z. B. fallen invasionsartig bei uns ein: Seidenschwänze, Birkenzeisige oder Kreuzschnäbel. Ihr Auftreten hängt oft von den Verhältnissen in ihren Brutgebieten ab, z. B. davon, wieviel Nachwuchs es gab, ob die Nahrung nach der Brutzeit sehr knapp wurde oder ob der Wintereinbruch besonders früh und hart war.

Erste Frühlingsgefühle

Bereits im Winter deuten erste Anzeichen auf den bevorstehenden Frühling hin – trotz Eiseskälte und weißer Pracht. Schon ab Februar singen die ersten Vögel ihre Lieder.

Schleiereulen gehen im Winter in Scheunen auf Mäusejagd.

Welche Sänger sind zu hören? Eulen und Käuze haben übrigens schon längst mit dem Brüten begonnen, denn die Aufzucht dauert verhältnismäßig lang. Schleiereulen etwa sind erst mit zwei Monaten, junge Waldkäuze sogar erst mit zweieinhalb Monaten selbständig. Welche Eulen rufen in Ihrer Umgebung?

Geheimnisvolle Frassspuren

Angeknabberte Äpfel, aufgeknackte Haselnußschalen, abgenagte Tannenzapfen – diese Funde in unserem Garten geben uns so manches Rätsel auf. Wie ein Indianer auf Spurensuche können wir ihnen einmal nachgehen.

Von einem Eichhörnchen geöffnete Haselnüsse

Pflanzen zum Fressen gern

Es gibt kaum eine Stelle an Pflanzen, die Tiere nicht mit ihren Zähnen oder Schnäbeln bearbeiten. Scher- und Wühlmäuse nagen an Wurzeln. Knapp oberhalb des Bodens knabbern Hasen, Kaninchen und einige Mäuse an der Rinde von Bäumen und Sträuchern. Rötelmäuse, Eichhörnchen und Siebenschläfer machen sich an Ästen und Zweigen zu schaffen. Baumstämme und Äste tragen die Hack- und Ringelspuren von Spechten. Schnecken, Raupen und Käfer fressen krautige Pflanzenteile an. Vögel hinterlassen an Obst typische Pickspuren. Einige der Spuren können wir unterscheiden. Während Drosseln z. B. nur auf das Fruchtfleisch erpicht sind, geht es den Finken um die Kerne. Dazu entfernen sie vorher notdürftig das Fruchtfleisch. Säugetiere verraten sich durch die verschieden breiten Abdrücke ihrer Schneidezähne im Fruchtfleisch.

Nüsse mit Visitenkarte

Auch an hartschaligen Früchten, wie Haselnüssen oder Eicheln, finden wir Fraßspuren. Während Spechte und Häher die Fruchtschalen mit gezielten Schnabelhieben regelrecht sprengen, wenden Eichhörnchen, Haselmäuse, Siebenschläfer, Wald- und Rötelmäuse spezielle Nagetechniken an. Die Urheber lassen sich anhand der Breite der Nagespuren und der Beschaffenheit des Fraßrandes identifizieren.

Bei Eichhörnchen können wir sogar feststellen, ob ein erfahrener oder ein unerfahrener „Nußknacker" am Werk war. Während Anfänger ziemlich planlos an der Nußschale herumnagen und viele überflüssige Spuren hinterlassen, beherrschen die „Profis" die sogenannte „Lochsprengtechnik". Dazu nagen sie auf der Breitseite der Nuß eine Furche bis zur Spitze. Sobald ein kleines Loch entsteht, stecken die Könner ihre unteren Schneidezähne hinein und sprengen die Nuß ganz einfach durch den Gegendruck, den sie mit den oberen Schneidezähnen erzeugen.

Auch Zapfen sprechen Bände

Kreuzschnäbel lassen die Zapfen am Baum hängen. Sie heben lediglich die Zapfenschuppen mit ihrem Spezialschnabel an und holen die Samen mit der Zunge hervor. Spechte und Eichhörnchen dagegen pflücken Zapfen vor der Bearbeitung vom Baum. Eichhörnchen lassen „unordentlich" zerfranste Zapfenspindeln zurück: Die sterilen Schuppen an der Zapfenspitze bleiben stehen, während die leeren, abgerissenen Schuppen überall herumliegen. Dagegen nagen Mäuse die Zapfenschuppen sehr gleichmäßig und sorgfältig ab.

Der Schmied im Garten

Ein Tannenzapfen klemmt im Obstbaum, und unter dieser Stelle liegen noch weitere Zapfen. In unserem Garten war ein Buntspecht am Werk!

Spechte benutzen „Klemmschmieden" in natürlichen Holz- und Rindenspalten sowie „Gabelschmieden", d. h. Astgabeln. Sie kennen aber nicht nur den Werkzeuggebrauch, sondern sogar die Werkzeugherstellung. Sie zimmern sich ihre Hauptschmieden in Stämmen, Ästen oder auch Zaunpfählen nach Maß, bevor sie darin Zapfen, Nüsse oder Obstkerne einklemmen, um sie aufzubrechen.

Nagespuren von Kaninchen

Der Buntspecht bearbeitet Zapfen und Nüsse in Schmieden.

Kleiber klettern als einzige Vögel in Europa kopfunter.

Kleiberschmiede mit geöffneten Sonnenblumenkernen

Schmiede der Singdrossel: Sie zertrümmert Gehäuseschnecken auf einer festen Unterlage.

Dauergäste und Besucher

Nach Ernte und Laubfall ist unser Garten viel „durchsichtiger" geworden. Zwar gehen die Tiere – bis auf einige „alteingesessene" – hier das ganze Jahr über ein und aus; aber dieser Wechsel fällt im Winter viel mehr auf.

Vom großen alljährlichen Treck der Zugvögel in wärmere, nahrungsreichere Länder bekommen wir schon im Sommer etwas mit. Im August haben wir uns plötzlich nach dem Verbleib der Mauersegler gefragt. Wir vermißten ihre hohen schrillen Rufe und ihre reißenden Kunstflüge. Sie verlassen schon früh ihre Brutreviere, um zügig die lange Reise bis ins tropische Afrika anzutreten. Im Spätherbst brechen dann auch die Rauchschwalben und die Stare auf. Zuvor sammeln sie sich auf Leitungsdrähten bzw. auf Hecken und Bäumen. Während der Nacht können wir die Stimmen der nachtziehenden Sing- und Rotdrosseln hören. Auf ihrem Weg von Skandinavien nach Südwesten machen die Rotdrosseln oft mit ihren in gleicher Richtung ziehenden Verwandten gemeinsam Rast auf beerentragenden Bäumen und Sträuchern. Einige Rotdrosseln verbringen den Winter auch bei uns – ebenso einige Bergfinken. Die Wintergäste aus Skandinavien fallen oft in großen Schwärmen bei uns ein. Meisen und Buchfinken dagegen bleiben uns das ganze Jahr über „treu".

Erlenzeisige – im Tiefland meist nur im Winter

Proviant für den Flug

Vor ihren weiten Reisen legen sich Zugvögel gehörige Fettpolster zu. Nicht selten verdoppeln sie ihr Körpergewicht. Fett ist der ideale „Treibstoff", um den extremen Belastungen gewachsen zu sein. Es läßt sich nämlich vollständig zu Energie, Kohlendioxid und Wasser abbauen – ist also sehr ergiebig. Und mit dem Wasser können die Vögel sogar weitgehend ihren Flüssigkeitsbedarf decken. Deshalb sind sie selbst bei der Durchquerung von Wüsten nicht auf wasserreiche Oasen angewiesen: Sie haben stets ihre „Feldflasche" mit „an Bord".

„Wald-" und „Stadt"eulen

Wir staunen nicht schlecht, als an einem klirrend kalten Wintermorgen plötzlich Eulen in den kahlen Bäumen unseres Gartens sitzen. Wir erkennen sie ganz leicht an ihren langen Federohren: Es sind Waldohreulen. Gleich dutzendweise versammeln sie sich bei Tagesanbruch gelegentlich in Gärten, Parks oder auf Friedhöfen. Seelenruhig – beinahe wie ausgestopft – sitzen die Eulen im kahlen Geäst. Sobald die Dämmerung hereinbricht, verschwinden sie ebenso geheimnisvoll, wie sie erschienen sind, und gehen auf die Jagd. Und zwar nicht wie üblich auf Mäusejagd, sondern – genau wie auch der Waldkauz in der Stadt – auf Vogeljagd. Die zahlreichen Kleinvögel bringen die Waldohreule über den Winter. Dafür wird sie sogar ihrem Einzelgängertum untreu und schließt sich zu Gruppen von bis zu 50 Individuen zusammen. Mancherorts sucht die krähengroße, schlanke Eule ihre Überwinterungsplätze im Siedlungsraum Jahr für Jahr wieder auf und sorgt

Im Winter wird das Futter knapp: Wacholderdrossel und Star in heftigem Kampf

Flug gen Süden: Mehlschwalben sammeln sich auf Leitungen.

Abends bilden Saatkrähen oft große Schlafgesellschaften.

Wintergäste aus dem Norden: Bergfinken fallen oft in Schwärmen ein.

Rotkehlchen: Wärmeschutz durch Aufplustern

dann des öfteren für einen Volksauflauf. Die Waldohreule wird häufig mit dem weitaus größeren, massigen Uhu verwechselt.

Der rundlichere Waldkauz hat aus dem Stadtleben schon mancherlei Vorteile ziehen können. Langjährige Untersuchungen in Berlin haben gezeigt, daß „Stadtkäuze" mehr Vögel erbeuten als ihre waldbewohnenden Artgenossen. Deshalb sind „Stadtkäuze" jenen in puncto Jungenaufzucht deutlich überlegen. Das Überleben der waldbewohnenden Tiere hängt in erster Linie vom Bestand der Mäuse ab – und der kann starken Schwankungen unterworfen sein.

Der Seidenschwanz brütet in Nordskandinavien und Sibirien. Im Winter taucht er gelegentlich in unseren Gärten auf.

DAUERGÄSTE UND BESUCHER

Sternstunde am Teich

Einer der attraktivsten Vögel, der unseren Garten besucht, ist zugleich auch einer der seltensten. Der scheue Eisvogel funkelt je nach Lichteinfall von Kobaltblau bis Türkisgrün. Er lebt an klaren, langsam fließenden Gewässern und Teichen. Von einer Warte über dem Wasser oder aus dem Rüttelflug stürzt er sich ins kühle Naß und fängt kleine Fische. Er errichtet seine selbstgebauten Brutröhren in Steilufern oder Wurzeltellern umgestürzter Bäume und zieht seine Jungen mit Kleinfischen, Insekten, kleinen Fröschen und Kaulquappen auf. In harten Wintern, wenn die Jagdgewässer zufrieren, ist der Eisvogel in seiner Existenz bedroht. Manchmal sucht er dann Zuflucht in Dörfern und Städten und taucht auch schon einmal an Gartenteichen auf.

Schlauberger zu Gast

Im Gegensatz zum Steinmarder bleibt ein anderer, noch bedeutend größerer Beutegreifer häufig unbemerkt. Die Reviere des Rotfuchses beschränken sich schon längst nicht mehr nur auf Wald und Flur. Bis in die Zentren von Großstädten ist Reineke Fuchs inzwischen vorgedrungen. Während er in der freien Natur eigene Erdbaue gräbt oder Dachsbaue bezieht, weicht er im Stadtgebiet genausogut

Der Rotfuchs – hier im Winterpelz – läßt sich immer häufiger in Siedlungen blicken.

Eisvogel – seltener Gast am Gartenteich

Der Admiral stärkt sich noch einmal vor dem Wanderflug.

auf Strohmieten, Reisighaufen und Betonrohre aus.

Die Hauptnahrung des Rotfuchses sind Mäuse. Er pirscht sich lautlos an sie heran und stürzt sich dann mit einem großen Satz auf sie. Ansonsten frißt er fast alles. Er durchstöbert Müllkippen nach Eßbarem, und auch in Komposthaufen findet er so manchen Leckerbissen. So führt ihn sein Weg manchmal in unseren Garten. Auch süße Beeren weiß der Beutegreifer durchaus zu schätzen. Besonders im Herbst ist seine Losung von verschiedenen Früchten blauschwarz und rötlich verfärbt sowie voller Schalenreste.

Aufsehenerregend: Waldohreulen treten im Winter öfter in Trupps auf.

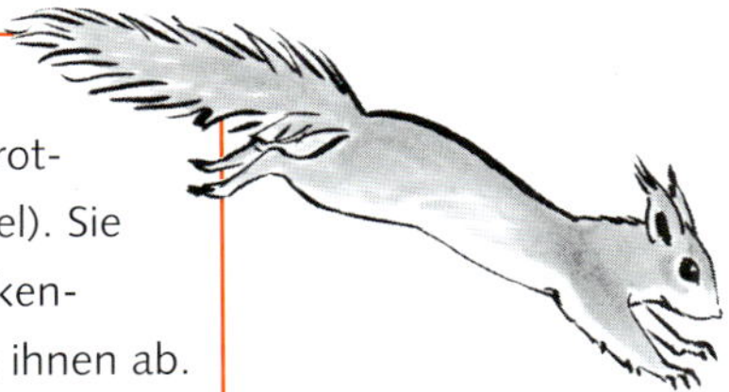

Stand- und „Wander"vögel

Standvögel sind Arten, die keine Wanderungen unternehmen (z. B. Haussperling, Buntspecht). Vogelarten, bei denen nur ein Teil der Individuen wegzieht (Zieher) und der Rest am Ort verbleibt (Nichtzieher), bezeichnet man als Teilzieher (z. B. Zaunkönig, Amsel, Rotkehlchen). Kurzstreckenzieher legen nur kurze Entfernungen zwischen Brutgebiet und Winterquartier zurück, etwa zwischen Mittel- und Südwesteuropa (z. B. Hausrotschwanz, Sing- und Misteldrossel). Sie kehren meist vor den Langstreckenziehern zurück und ziehen nach ihnen ab. Ihr Zuggeschehen ist in der Regel stark vom Wetter beeinflußt.
Langstreckenzieher wandern in weit entlegene Winterquartiere südlich der Sahara und bis nach Südafrika (z. B. Gartenrotschwanz, Gartengrasmücke, Nachtigall).

Stelldichein am Futterplatz

Wie jedes Jahr steht auch jetzt wieder die Winterfütterung der Vögel auf dem Programm. Gartenfachgeschäfte und Supermärkte führen ein großes Angebot verschiedenster Futterhäuschen und Futtermischungen. Gleichzeitig wird in den Medien immer wieder von neuem diskutiert, ob das Füttern nun notwendig, tolerierbar oder sogar gefährlich sei.

fluß auf die Häufigkeit von Vogelarten hat. Sie ist somit weder eine nennenswerte Überlebenshilfe noch eine effektive Naturschutzmaßnahme. Doch die Freude, die Vögel in unserem Garten so zahlreich und dicht vor unser Fenster zu locken, rechtfertigt unser Handeln – allerdings nur, wenn wir das richtige Futter verwenden, in Maßen füttern und den Futterplatz sauber halten.

Hochbetrieb am Futterhaus

Im Handumdrehen ist unsere Futterstelle von zahlreichen Vögeln belagert. Es herrscht ein reges Kommen und Gehen, lautstarke Streitereien bleiben nicht aus. Jede Art verfügt

Winterfütterung: eher vergnügliche Unterhaltung als echte Notwendigkeit

Rivalen ums Futter: Birken- und Erlenzeisig

Über Sinn und Unsinn

Zwischen besserem Wissen und konsequentem Handeln liegen oft Welten. So auch beim Thema Winterfütterung. Biologisch betrachtet, ist das Füttern im Winter nicht notwendig. Die Vögel, die bei uns überwintern, sind an die kalte Jahreszeit angepaßt. Die Winterfütterung ist sogar eher von Nachteil als von Vorteil: Dort, wo Vögel gefüttert werden, treten sie gehäuft auf, und das auf engem Raum. Hier ist die Gefahr besonders groß, daß sich Krankheiten rasch ausbreiten. Es ist inzwischen auch längst nachgewiesen, daß die Winterfütterung keinen wesentlichen Ein-

über spezielle Tricks, um an das Futter heranzukommen. Zu den häufigsten Besuchern zählen Grünlinge und Kohlmeisen. Während die Grünlinge und auch die Gimpel ein Korn nach dem anderen an Ort und Stelle genüßlich verzehren, versteht das Meisenvolk unser Futterhaus eher als Schnellimbiß. Eilig holen sich die Kohlmeisen einige Sonnenblumenkerne und andere Leckerbissen und tragen sie im Schnabel fort, um sie an anderer Stelle zu verspeisen. Hier halten sie ihre Mahlzeit mit den Fußzehen auf einer Astunterlage fest und entfernen die „Verpackung" mit gezielten Schnabelhieben. Die

Goldhähnchen – seltener Anblick

Solange das Eichhörnchen am Futterknödel frißt, bleiben die Vögel fern.

Kohlmeisen-Männer gehen am Futterhaus nicht gerade zimperlich mit ihren Frauen um. Außerhalb der Fortpflanzungszeit kämpfen sie rücksichtslos um ihren eigenen Vorteil.

An den freihängenden Meisenknödeln können die Blaumeisen ihre Vorteile gegenüber den behäbigeren Kohlmeisen ausspielen. Kopfunter turnen sie an den Knödeln herum und picken mit ihrem Schnabel Körner heraus. Diese Futterquelle macht ihnen so schnell kein anderer Vogel streitig.

Neben Blau- und Kohlmeisen entdecken wir am Futterhaus auch Tannenmeisen, die kleinste einheimische Meisenart. An dem großen weißen Nackenfleck hinter der schwarzen Kopfplatte sind sie leicht zu erkennen. Auch die Sumpfmeisen – mit schwarzglänzender Kopfplatte und bräunlichem Rücken – mischen sich jetzt unter das muntere Vogelvolk. Wo zwei Sumpfmeisen gemeinsam auftauchen, braucht es sich keineswegs um ein Pärchen zu handeln. Männchen und Weibchen lernen sich erst im Frühjahr kennen. Der Gesang ist übrigens die sicherste Möglichkeit, Sumpf- und Weidenmeisen voneinander zu unterscheiden. Beide „Graumei-

Buntes Getümmel: Meisen und Zeisige zählen zu den regelmäßigen Besuchern.

sen" sehen sich nämlich – wie es sich für Zwillingsarten gehört – zum Verwechseln ähnlich.

Starke Typen

Mit fast 18 cm Länge ist der Kernbeißer unser größter Fink. Dank seines mächtigen Schnabels kann er selbst Steinobstkerne knacken. Am Futterhaus gewinnen Kernbeißer jeden Wettbewerb im Öffnen hartschaliger und großer Samenkörner.

Kernbeißer am Futterplatz

Der Sperber – Jäger mit Kalkül

Ganz unvermittelt stürzt sich der Sperber auf seine Beute – hier einen Grünling.

Eben noch beherrschte eine bunte, streitbare Singvogelgesellschaft am Futterhaus das winterliche Gartenbild. Doch im nächsten Moment ertönen hohe und intensive Warnrufe, und die Vogelschar stiebt nach allen Seiten auseinander. Wie ein Pfeil schießt ein größerer graubrauner Vogel um die Gartenhecke. Federchen wirbeln durch die Luft – einer der kleinen Nahrungsgäste war nicht schnell genug. Schon streicht der Überraschungsjäger wieder ab, in seinen Fängen den leblosen Vogelkörper.
Was wir eben erleben durften, ist ein Naturschauspiel der besonderen Art, und dabei noch nicht einmal selten. Der Sperber taucht in den Wintermonaten häufiger im Bereich von Ortschaften auf, wo sich Kleinvögel an Futterplätzen oft in Scharen zusammenfinden. Winterfütterungen nutzen also nicht nur den Meisen, Finken und Sperlingen, sondern erleichtern auch dem bedrohten Greifvogel das Überleben. Dafür, daß der Sperber tut, was er tun muß, sollten wir ihn nicht verurteilen.

Angriff aus dem Hinterhalt

Sperber sehen ihrem größeren Verwandten, dem Habicht, sehr ähnlich. Im Erwachsenenkleid sind sie unterseits weiß-braun quergebändert („Sperberung") und oberseits tarnfarben graubraun. Sie leben ausschließlich vom Beuteschlagen. Vor allem Kleinvögel bis über Drosselgröße, ganz selten auch Kleinsäuger, stehen auf dem Speiseplan des spezialisierten Greifvogels. Der Sperber ist wie der Habicht ein Überraschungsjäger. Er hat kurze, abgerundete Flügel und einen langen Schwanz zum Steuern. Auf Kurzstrecken kann er daher enorm beschleunigen und ist zugleich außerordentlich wendig. Außerdem nutzt er jede sich ihm bietende Deckung. Nur unter diesen Voraussetzungen ist er in der Lage, seine Beute zu überwältigen. Welchen Respekt ihm die andere, die Beute-Seite, zollt, zeigt die einheitliche Warnreaktion aller Kleinvögel, sobald er erscheint.

Klassische Rollenverteilung

Sperber bevorzugen strukturreiche Landschaften mit Wechsel von Wäldern, Hecken und Buschgeländen. Ihre Horste legen die Greife gerne in geschlossenen Fichten- oder Kiefern-Stangengehölzen, aber auch in Laubwäldern an. Wie bei vielen Greifvögeln herrscht auch beim Sperber während der Eiablage, Bebrütung und Jungenaufzucht eine strenge Arbeitsteilung zwischen den Geschlechtern. Während das Weibchen allein brütet und später fast ununterbrochen die Jungen beschützt und hudert, ist das viel kleinere Männchen für die Nahrungsbeschaffung zuständig. Sperber verfolgen ihre Beutevögel sehr ungestüm. Kann sich ein potentielles Opfer endlich in ein Gebüsch flüchten, so ist es längst noch nicht gerettet. Mit ihren langen Beinen und Zehen greifen Sperber selbst im Gestrüpp noch zielsicher zu. Diese Jagdstrategie birgt im Siedlungsbereich viele Gefahren. Manch einer der draufgängerischen Jäger endete schon an Fensterscheiben oder anderen Hindernissen unserer Zivilisationslandschaft.

Männchen rupft erbeutetes Rotkehlchen.

Waghalsiger Jäger

Vom Ansitz aus hält er nach Beute Ausschau.

Tatort Garten: Ein Sperber kröpft seine Beute.

Nahrungsquellen und Verstecke

Das ganze Jahr über finden Tiere in unserem Garten Versteckmöglichkeiten und Nahrung. Gerade im Winter können wir viele vorher unbemerkte Nester und Verstecke aufspüren. Außerdem locken die Wildsträucher mit ihrem Angebot an Beeren und Früchten bis in die kalte Jahreszeit hinein viele Tiere an.

Für Türkentauben ist der Winter eine schwere Zeit.

Nestern auf der Spur

Im kahlen Buschwerk unseres Gartens entdecken wir ein napfförmiges Nest. Sein Rand ist mit den Zweigen des Gebüsches verwoben. Jetzt ist das Nest verlassen, und wir dürfen es ruhig einmal aus der Nähe betrachten. Es besteht aus trockenen Grashalmen, Stengeln, Wurzeln, Wolle, Daunen und Moos. In den Nestrand sind außerdem Spinnweben eingeflochten. Das muß das Nest unseres Mönchsgrasmücken-Paares sein. Im Frühjahr und Frühsommer haben beide noch ihre abwechslungsreichen Flötenstrophen zum besten gegeben und sich lautstark mit hartem „Tack" beschwert, wenn wir ihrem Brutplatz zu nahe kamen.

Ein paar Meter weiter, unter unserem Reisighaufen, türmen sich Laub, Moos und trockenes Gras. Nicht wir haben es dort hingetragen, ein Igel war es. Unter den Ästen hält er auf dem weichen Moospolster jetzt sicher seinen Winterschlaf.

Auch im Dornengestrüpp unserer Wildrose entdecken wir jetzt ein altes Vogelnest nahe am Boden. Im Sommer war das Nest im dichten Blattwerk verborgen. Es ist ein dickwandiger, kugeliger Bau und hat seitlich ein Einschlupfloch: das Brutnest des Zaunkönigs. Es besteht aus Blättern, Moos, Gras und anderen Pflanzenteilen. Innen ist es mit Federn ausgelegt.

Ein Blick auf unseren Nistkasten genügt, und wir wissen Bescheid: Aus dem Flugloch quillt auffällig viel Laub heraus, und auf dem Nistkastendach steht ein „Türmchen" aus kleinen Kotpillen – beides eindeutige Spuren eines Siebenschläfers, der hier den Sommer über gewohnt hat. Jetzt schläft er längst irgendwo in einer selbstgegrabenen Erdhöhle.

Unser Nistkasten ist aber nicht nur im Frühling und Sommer für Tiere interessant. Nach der Brutsaison finden wir wieder Vogelkot darin, obwohl wir ihn doch gerade erst gereinigt haben. Scheinbar nutzen ihn einige Vögel jetzt als Übernachtungsplatz, z. B. Meisen und Kleiber. Um herauszubekommen, ob der Nistkasten nur gelegentlich oder regelmäßig als Schlafplatz genutzt wird, entfernen wir den Vogelkot und nehmen uns vor, jetzt jeden Tag einmal nachzusehen.

Solange der Vorrat reicht

Immer noch sind die Nahrungsquellen in unserem Garten nicht endgültig versiegt. Noch bis tief in den Winter zehren Singdrossel, Kernbeißer und Rötelmaus von den Beeren des Wolligen Schneeballs. Seidenschwänze machen sich gerne über die Früchte des Gemeinen Schneeballs her. Wo es noch etwas für sie zu holen gibt, fallen die nordischen Wintergäste manchmal in großen Schwärmen bei uns ein.

Die gelben Samen des Pfaffenhütchens vertilgt nach und nach vor allem das Rotkehlchen. Besonders lange verbleiben die leuchtend orangeroten Sanddornbeeren am Strauch. Sie sind unter Hühnervögeln sehr beliebt, besonders bei Fasanen. Im Volksmund heißt der Sanddorn deshalb auch Fasanenbeere.

Späte Beeren am Strauch haben gelegentlich ihre Tücken: Durch Gärungsprozesse entwickelt sich Alkohol, den die naschenden Vögel dank eines Enzyms rasch genug abbauen können.

Natürliche Futterquelle im Winter: Hecke mit Früchten und überwinternden Insektenlarven

Versteck: Trockenmauer ...

... oder Lesesteinhaufen

In Reisighaufen können Igel Winterschlaf halten.

Willkommener Fund: Eichhörnchen an Sonnenblumenkernen

Strategien für den Winter

Die meisten Tiere in unserem Garten leiden im Winter unter der strengen Kälte und dem akuten Nahrungsmangel. Sie gehen diese Probleme auf ganz unterschiedliche Art und Weise an.

Säugetiere und Vögel sind die einzigen Lebewesen, die ihre Körpertemperatur – unabhängig von der Außentemperatur – konstant halten können. Man nennt sie auch Gleichwarme oder Warmblüter. Ihnen steht das große Heer der Wechselwarmen oder Kaltblüter gegenüber, die ihre Körpertemperatur nicht regulieren können. Sie schwankt mit der Außentemperatur. Wenn es kalt wird, erstarren Wirbellose, Fische, Amphibien und Reptilien geradezu und können sich kaum noch regen.

Zitronenfalter: überwintern dank Frostschutz

Siebenpunkt: Fett als Energiereserve

Energiespartips

Das Aufwärmen und Abkühlen kostet die Warmblüter viel Energie. Sie gewinnen sie aus ihrer Nahrung. Mit ein paar Tricks können sie viel Energie sparen: Sie legen sich ein dickeres Winterfell zu, drosseln die Durchblutung ihrer Haut und reduzieren ihre Körperoberfläche, indem sie sich einrollen.

Tierische Langschläfer

Manche Säuger umgehen die energieaufwendige Temperaturregulation und fallen in einen tiefen Winterschlaf. In dieser Zeit laufen alle ihre Lebensfunktionen auf Sparflamme. Ihre Körpertemperatur liegt nur wenige Grad über der Außentemperatur; sie kann sogar fast bis auf den Gefrierpunkt absinken. Winterschläfer müssen keine Nahrung zu sich nehmen und zehren allein von dem Winterspeck, den sie sich zuvor angefressen haben. Zu den Winterschläfern zählen bei uns die Fledermäuse, die Schläfer, Igel, Birkenmaus, Murmeltier und Hamster. Bis auf die beiden letztgenannten wagen sich alle zum Überwintern bis in unseren Garten und sogar bis in unser Haus vor. Während Igel und Schläfer ihre Unterschlüpfe noch gemütlich herrichten und auspolstern, suchen sich Fledermäuse einfach nur ein passendes Versteck.

Wenn es wieder Frühling wird, kurbeln Winterschläfer ihren Stoffwechsel an und wachen durch den Anstieg ihrer Körpertemperatur wieder auf.

Auch Eichhörnchen ruhen in ihrem Winterlager schon einmal mehrere Tage am Stück – allerdings bei normaler Körpertemperatur; sie halten also keinen richtigen Winterschlaf.

In Kellern und Gewölben

Fledermäuse suchen sich ihr Winterquartier nach folgenden Kriterien aus: Es soll dunkel sein, feucht, frostsicher, gleichmäßig temperiert und nach Möglichkeit windgeschützt. Gleich 17 von unseren 22 einheimischen Fledermausarten überwintern deshalb bevorzugt – wenn nicht ausschließlich – in Höhlen, Stollen oder alten Kellern. In Ritzen verborgen oder freihängend an der Decke, einzeln oder vergesellschaftet verbringen sie dort den Winter. Langohren z. B. finden wir häufig in Kellern, Zwerg- und Rauhhautfledermäuse verstecken sich hinter Wandverkleidungen oder in Holzstapeln. Die ziemlich kälteunempfindliche Rauhhautfledermaus kann sogar zwischen Spalierpflanzen und Hauswand überwintern.

Sinkt die Körpertemperatur der Fledermäuse auf Werte zwischen 10 und 0 °C, sind – bis auf wenige Reflexe – alle Bewegungen verlangsamt, ebenso Atmung und Kreislauf. Untersuchungen an winterschlafenden Mausohren ergaben Atempausen von bis zu 90 Minuten, das Herz schlug nur noch 10mal pro Minute. Dagegen schlägt das Herz

Alte Bäume mit Stammhöhlen und rissiger Rinde bieten wertvolle Winterverstecke.

eines aktiven Tieres mehr als 600mal in der gleichen Zeit.

Ihre „innere Uhr" weckt die Fledermäuse von Zeit zu Zeit, damit sie etwa ihre Blase entleeren oder ihren Platz wechseln können. Unvorhergesehene Störungen des Winterschlafs allerdings können den Tieren zum Verhängnis werden. Einmal mehr müssen sie ihren Kreislauf in Schwung bringen und verbrauchen dabei kostbare Energiereserven, die ihnen dann am Winterende womöglich fehlen.

Von der Bildfläche verschwunden

Unsere Amphibien und Reptilien suchen zur Überwinterung – entsprechend ihrem arteigenen Feuchtigkeitsbedürfnis – unterschied-

Gartenbaumläufer übernachten bei Frost in dichten Trauben.

Strategien für den Winter

Tierfreundliche Gartenecke mit zahlreichen Unterschlupfmöglichkeiten

Braunes Langohr: Winterschlaf in Mauerspalte

liche, aber stets frostfreie Schlupfwinkel auf. Das können – wie bei Erdkröten – Höhlen, Erdlöcher, Baumstubben, Steinhaufen oder Lesesteinmauern sein, aber auch größere Reisig-, Laub- oder Komposthaufen, in denen sich infolge von Verrottungsprozessen Wärme entwickelt. Grasfrösche z. B. überwintern gerne auf dem Grund von Gewässern, genauer gesagt in der dicken Schlammschicht, die den Boden bedeckt.

Saure Zitronenfalter-Zeit

Die Erwachsenen-Stadien vieler Schmetterlingsarten leben oft nur recht kurz. Die längste Zeit ihres Lebens verbringen sie als Ei, Larve oder Puppe. In jedem dieser Stadien können sie überwintern. Der Frostspanner etwa überwintert als Ei, der Apfelwickler als Raupe, der Kohlweißling als Puppe und der Zitronenfalter als fertiger Schmetterling.

Völlig ungeschützt sitzt der Zitronenfalter im Wald an einem Zweig. Gegen Kälte wird er immun, indem er – wie andere Insekten auch – den Gefrierpunkt seiner Körperflüssigkeit mit Hilfe einiger chemisch-physikalischer Tricks herabsetzt. Vor Wintereinbruch scheidet er über Kot und Harn viel überschüssiges Wasser aus und konzentriert auf diese Weise seine Körpersäfte. Durch chemische Umwandlung entzieht er außerdem das Zellwasser dem Gefrierprozeß. Schließlich stellt er auch noch das Frostschutzmittel Glyzerin her, das auch in Autos das Gefrieren des Kühlwassers verhindern soll.

In guter Gesellschaft

Wenn die Tage kürzer werden und die Temperaturen sinken, befällt auch die Marienkäfer eine seltsame Unruhe. Sie machen sich auf die Suche nach geeigneten Winterverstecken, etwa unter Moos, Rinde oder Steinen, und legen dabei oft weite Strecken zurück. Wo sie Artgenossen riechen, lassen sie sich nieder, um scharenweise zu überwintern. Bis zum Frühjahr zehren sie von ihrem Körperfett.

Kleine Füchse und Tagpfauenaugen suchen sich zugängliche Dachböden als Winterquartier. Sie fliegen durch offene Dachluken und Hohlräume unter Firstziegeln ein und teilen sich den Platz mit Florfliegen, gelegentlich auch mit Wespen- und Hornissenköniginnen.

Vögel ändern im Jahresverlauf ihre Schlafgewohnheiten. In den langen Winternächten schlafen sie nicht so tief wie im Sommer, dafür aber oft doppelt so lang. Viele Vögel suchen geschützte Plätze auf und schließen sich zu Schlafgemeinschaften zusammen.

Im Winter munter

An sonnigen Wintertagen bieten sie einen vertrauten und zugleich auch verblüffenden Anblick: tanzende Mückenschwärme in unserem Garten. Dabei handelt es sich nicht um die Gemeine Stechmücke, sondern um die eigentliche Wintermücke oder auch Stelzmücke. Sie wird erst bei Temperaturen um 4 °C richtig aktiv und paart sich sogar.

Auch die Frostspanner machen ihrem Namen alle Ehre. Diese Schmetterlinge können wir vom Herbst bis in den Winter hinein beobachten. Sie umschwärmen manchmal nach dem ersten Schneefall Lampen und Autoscheinwerfer. Ihr Tanz ist reine Männersache, die Weibchen besitzen nämlich nur Stummelflügel. Nach der Paarung machen sie sich zu Fuß in Richtung Baumkronen auf, um dort ihre Eier abzulegen.

Tagpfauenaugen überwintern oft in Häusern.

Fest zusammengerollt verschläft der Igel den Winter.

Siebenschläfer halten in der Regel 8 – 9 Monate Winterschlaf.

Mäuse – flinke Wühler und Turner

Auch junge Gelbhalsmäuse können schon hervorragend klettern und springen.

Die Abneigung gegen sie ist alt, und sie sitzt tief. Die Rede ist von Mäusen. Nicht nur, daß sich einige Menschen bei ihrem Anblick auf Tische und Stühle flüchten, wir sorgen uns zu Recht auch um unsere Vorräte.

Der Zweck heiligt die Mittel

Auch im Garten treiben Wühlmäuse ihr Unwesen. Gärtner wissen ein Lied davon zu singen. Trotz aller Pflege lassen Pflanzen die Blätter hängen, weil ihre Wurzeln von unten abgefressen sind. Im Kampf gegen die Mäuse ist jedes Mittel recht: Gas, stinkende Fischköpfe, leere Flaschen, auf denen dann der Wind pfeift, (angeblich) mäusevertreibende Pflanzen und sogar Ultraschall. Auch wenn der Einsatz noch so groß ist – er ist nur selten von Erfolg gekrönt.

Mäuse machen

Vor allem Feldmäuse nagen in unserem Garten gerne an den Wurzeln von Pflanzen. Die gedrungenen, gelblichbraunen Nagetiere aus der Sippe der Wühlmäuse sind wahre Anpassungskünstler. Sie bevorzugen offenes Gelände wie Felder, Wiesen, Straßenböschungen und eben Gärten.

Feldmäuse sind tag- und nachtaktiv und leben gesellig. Sie graben weitverzweigte unterirdische Gangsysteme. Die kugeligen Nester aus trockenem Gras befinden sich in erweiterten Kammern bis etwa einen halben Meter unterhalb der Erdoberfläche.

Mäuse vermehren sich sehr rasch. Unter günstigen Umständen wirft ein Feldmaus-Weibchen im Abstand von drei Wochen bis zu zwölf Junge. Die frühreifen Töchter sind bereits im zarten Alter von zwölf Tagen fortpflanzungsfähig, die Söhne mit 28 Tagen.

Von diesem Mäuseboom profitieren viele Freßfeinde: Greifvögel, Eulen, Füchse, Wiesel, auch Störche, Reiher, Krähen, Katzen und Spitzmäuse. Keiner aber wird der Feldmäuse Herr. Im

Gegenteil, die Nager bestimmen mit ihrer Populationsdichte die Vermehrungsrate einiger ihrer Beutegreifer. Nur die Witterung fordert ihren Tribut: Lang andauernde Regenfälle und naßkalte Winter lassen die Bestände schrumpfen.

Ohne Netz und doppelten Boden

Während Feldmäuse nur selten ans Tageslicht kommen, leben die langschwänzigen Echten Mäuse wie Wald- und Gelbhalsmaus vorwiegend oberirdisch. Sie turnen sogar äußerst geschickt in Zweigen herum und können auch sehr weit springen. Sie sind Dämmerungs- und Nachttiere, die den Tag lieber in ihren Nestern unter oder über der Erde verbringen. Die kletterfreudigere von beiden ist zweifellos die Gelbhalsmaus. Ihre Nester finden sich in verlassenen Vogelnestern oder Nistkästen. Im Winter deponiert sie dort auch ihre Vorräte. Nicht weniger als 123 Eicheln, eine Kastanie und eine Walnuß wurden schon einmal in einem Nistkasten gezählt! Solche Vorratsspeicher in luftiger Höhe haben einen unschlagbaren Vorteil: Sie können nicht von wühlenden Wildschweinen entdeckt und aufgefressen werden.

Noch ein anderes Mäuschen können wir ab und zu kletternd im Garten beobachten: die Rötelmaus. Die gesellig lebenden Tiere sind vor allem dämmerungs- und nachtaktiv, aber auch tagsüber munter. Sie sind gute Kletterer und nagen gerne an Zweigen. Zur Jungenaufzucht besetzen sie Vogelnistkästen, nutzen diese aber auch als Speicher- und Freßplätze.

Wühler: Schermaus im Bau

Renngänge einer Wühlmaus

Die Katze läßt das Mausen nicht: Mäusejägerin aus Passion

Feldmäuse leben in selbstgewühlten unterirdischen Gängen.

TIPS FÜR DIE PRAXIS

Links: Nistkästen für Höhlen- (**A**) und Halbhöhlenbrüter (**B**) sollten, wenn sie außerhalb von Wäldern aufgehängt werden, an der wetterabgewandten Seite der Bäume befestigt werden. Das Einflugloch sollte nach Südosten zeigen. Im August/September müssen die Nistkästen gereinigt werden.

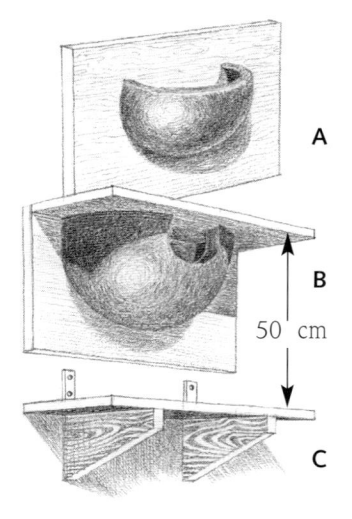

Links: Künstliche Nester für Rauchschwalben (**A**) werden im Inneren von Ställen, Scheunen oder Hallen angebracht, die für Mehlschwalben (**B**) dagegen außen am Haus – möglichst neben einem natürlichen Nest (Koloniebrüter). Ein Kotbrett (**C**), 50 cm unterhalb der Nester angebracht, hilft, die Hauswand sauberzuhalten.

Rechts: Um Jungvögel vor Katzen, Mardern, Bilchen und Eichhörnchen zu schützen, eignen sich um den Baumstamm gelegte, hohe Blechmanschetten (**A**). Sie sind so glatt, daß die Nesträuber keinen Halt finden und daran abrutschen. Auch ein dichter Gürtel aus dornigen Zweigen (**B**) garantiert für die Sicherheit der Jungvögel.

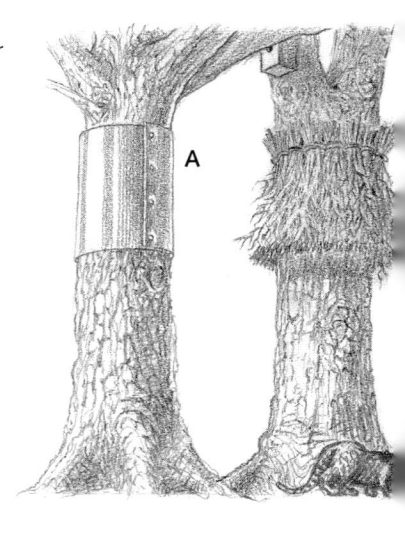

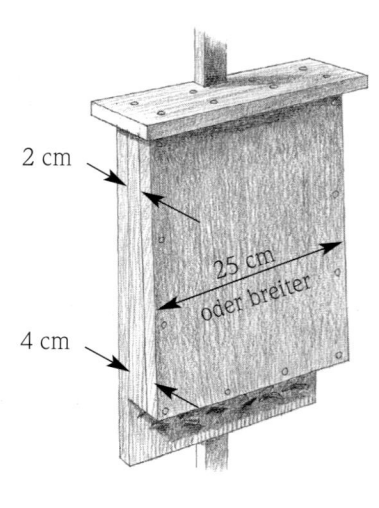

Links: Fledermauskästen dienen Fledermäusen als Wochenstube, als Sommer- und als Zwischenquartier. Der Innenraum von Flachkästen verengt sich nach oben. Sie eignen sich also bestens für Fledermäuse verschiedener Größe und solche Arten, die sich gerne in schmale Spalten zwängen. Durch den Einflugschlitz fällt der Kot auf den Boden – Reinigen erübrigt sich daher. Der Fledermauskasten sollte am Baumstamm oder auch an der Hauswand – jedenfalls nicht freihängend – angebracht werden, und zwar in mindestens 5 m Höhe, denn dann kann er von allen der immerhin 13 in Frage kommenden Arten angenommen werden. Um die Fledermäuse zusätzlich vor Zugluft zu schützen, kann man den Kasten mit Teer- oder Dachpappe umhüllen.

Oben: Einen Unterschlupf für Kleinsäuger baut man im Schutz von Sträuchern aus alten Stämmen, Brettern und Reisig. Das Material wird auf einer Grundfläche von 2 3 3 m locker gestapelt, so daß Hohlräume dazwischen entstehen. Ein Sockel aus Steinen verhindert, daß das Holz Feuchtigkeit zieht und zu schnell verrottet. Eine Abdeckung aus Dachpappe hält den Regen ab.

Links: Freibrüter legen ihre Nester am Boden, in Sträuchern oder auch frei auf Bäumen an. Durch einen simplen Trick kann man für diese Vögel eine ideale Nistgelegenheit schaffen: Man bindet einfach einige Äste eines Strauches zusammen – fertig ist die Nisttasche.

Rechts: Eine solche Nisttasche kann man auch noch auf andere Weise bilden: Zunächst bindet man einige Kiefern- oder Ginsterzweige – andere verlieren zu rasch Nadeln oder Laub – an einen Baumstamm (**A**). Dann biegt man die Zweige so nach oben, daß ein Hohlraum für ein Nest entsteht, und bindet die Zweige dort ebenfalls fest (**B**).

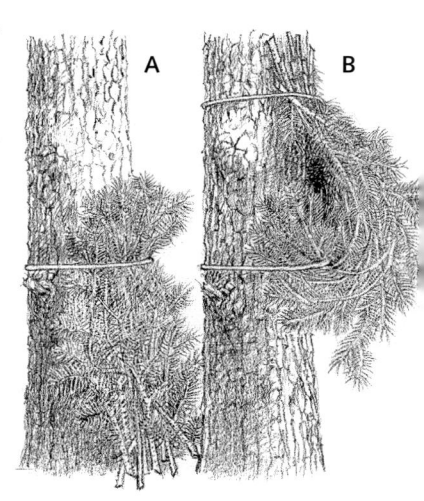

Rechts: Wer etwas weiter im voraus plant, kann Büsche und Sträucher auch „vogelgerecht" zurechtstutzen. Dazu schneidet man einen Ast an einer Gabel ab (**A**). An dieser Stelle treibt der Strauch nun mehrere Äste aus. Nach und nach wächst ein Quirl (**B**), in den Freibrüter ihr Nest bauen können (**C**).

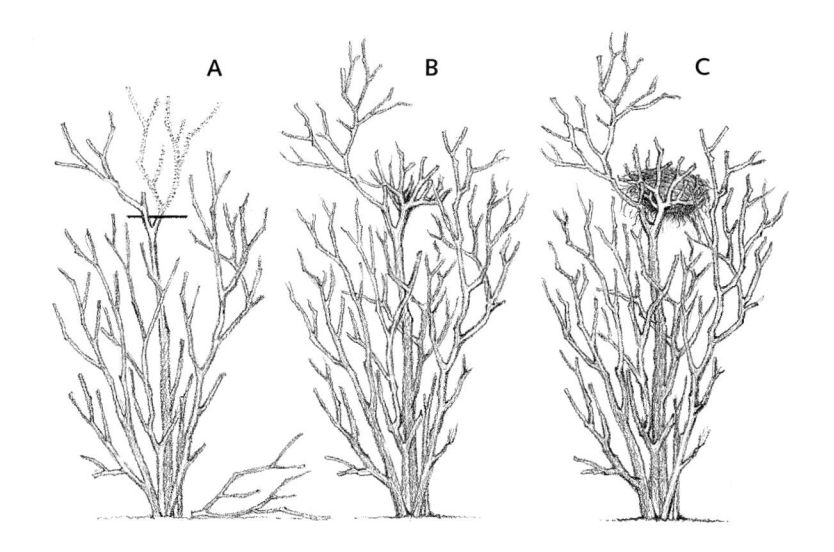

Tips für die Praxis

Rechts: Als Nisthilfen für Wildbienen eignen sich Hohlziegel oder gebündelte Schilfhalme, die man in eine Blechdose hineinsteckt. Auch Holzklötze, in die man Gänge von 2 – 10 mm Durchmesser bohrt, sind gute Nisthilfen. Sie sollten sonnig und regengeschützt stehen oder hängen.

Links: Auch Erdhummeln kann man leicht im Garten ansiedeln. Dazu gräbt man einen großen tönernen Blumentopf – zur Hälfte mit trockenen Moosresten, Gras oder Polsterwolle auf Torfmull oder Kleintierstreu gefüllt – umgekehrt in die Erde ein. Zum Schutz vor Regen stellt man einen zweiten Blumentopf über den ersten, verschließt das Loch in dessen Boden mit einem kleinen Stein und bricht seitlich ein Stück heraus, durch das die Erdhummel ein- und ausfliegen kann. Anstelle des Blumentopfes kann man auch einen „aufgebockten" flachen Stein oder einen Dachziegel verwenden.

Rechts: Um Blindschleichen einen Unterschlupf zu bauen, gräbt man – möglichst an einer schattigen Stelle – zuerst einen Ziegelstein in die Erde. Er soll noch einige Zentimeter herausragen. Schräg darauf legt man ein Brett, das mit einem Ende auf dem Boden aufliegt, und tarnt es mit einigen Zweigen. Das Brett darf weder mit Farben noch mit Beizmitteln behandelt sein.

Eberesche

Schwarzer Holunder

Liguster

Hundsrose

Hasel

Es gibt etwa 20 einheimische Straucharten, die sich für Hecken im Garten eignen. Einige davon, wie Pfaffenhütchen, Hasel oder Holunder, sind recht anspruchslos. Schlehe, Sanddorn oder Hundsrose bevorzugen eher magere, trockene Böden und sonnige Standorte, Berberitze und Liguster dagegen nahrhafte, feuchte Böden und Halbschatten. Allgemein gilt: Eine Hecke wird besonders dicht, wenn man sie dreireihig anpflanzt.

Berberitze

Sanddorn

Pfaffenhütchen

Brombeere

Schlehe

Obstbaum: Vielfalt an Nahrung und Brutmöglichkeiten

Blumentopf mit Holzwolle: Versteck für Ohrwürmer
Insektenholz: Nistplatz für Hautflügler

Komposthaufen: Paradies für Bodenorganismen und Nahrungsgäste

Bretter-/Holzstapel: Nistgelegenheit und ganzjähriges Versteck

Lattenzaun: kein Hindernis für Grenzgänger

Reisighaufen: Nist- und Winterschlafplatz

Gartenteich: Trink- und Badeplatz, Kinderstube und Jagdrevier

Steinhaufen: Sonnenplatz und ganzjähriges Versteck

Sandzone: Nistpla

DER TIERFREUNDLICHE GARTEN

Gemüse-/Kräutergarten: Nahrungsquelle auch für Tiere

Hecke aus einheimischen Sträuchern: Nahrung und Unterschlupf das ganze Jahr

Nistkasten an Hauswand: Nistplatz für Nischenbrüter

Hohlraum hinter Holzverschalung: Spaltenquartier für Fledermäuse

esesteinmauer: Ein dung zum Sonnen, gen und Verstecken

Efeu: Brutplatz und Nahrungsquelle an der Hauswand

vier für Insekten

Welches Tier hält sich wann und wo auf?

Tierart/-gruppe	bevorzugte Lebensräume	Nutzung	Tages-aktivität	Jahresaktivität J F M A M J J A S O N D
Schleiereule	Dachboden, Scheune	J	n	Brutzeit M–O
Waldkauz	Dachboden, Scheune	J	n	Brutzeit J–M, D
Mauersegler	Gebäudenischen	J	t	Brutzeit M–A
Rauchschwalbe	in Gebäuden	J	t	Brutzeit M–S
Mehlschwalbe	unter Dachvorsprüngen	J	t	Brutzeit M–S
Amsel	Garten, Gebäude	N, J	t	Brutzeit M–A
Hausrotschwanz	Garten, Gebäude	N, J	t	Brutzeit M–J
Grauschnäpper	Garten, Gebäude	N, J	t	Brutzeit M–J
Blaumeise	Garten, Baumhöhle, Nistkasten	N, J	t	Brutzeit M–J
Kohlmeise	Garten, Baumhöhle, Nistkasten	N, J	t	Brutzeit M–J
Star	Garten, Baumhöhle, Nistkasten	N, J	t	Brutzeit M–J
Haussperling	Garten, Nistkasten, Gebäude	N, J	t	Brutzeit M–A
Igel	Hecke, Obstwiese, Reisighaufen	N, V, J, WQ	t (im Herbst), d, n	Winterschlaf J–M, O–D
Spitzmäuse	Hecke, Kompost, Gebäude	N, V, J	d, n	ganzjährig
Fledermäuse	Garten, Spalten in/an Gebäuden, Dachboden, Keller	N, V, J, WQ	n	Winterschlaf J–A, O–D
Bilche	Obstwiese, Hecke, Zwischendecken in Gebäuden	N, V, J	n	Winterschlaf J–A, O–D
Mäuse	Garten, Hecke, Gebäude	N, V, J	d, n	ganzjährig
Steinmarder	Garten, Gebäude	N, V, J	n	ganzjährig
Mauswiesel, Hermelin	Hecke, Steinhaufen, Trockenmauer	N, V, J	t, n	ganzjährig
Zauneidechse	Trockenmauer, Hecke	N, V, J, WQ	t	Winterstarre J–M, O–D
Grasfrosch	Gartenteich, Wiese, Bretterstapel u. ä.	N, V, J, WQ	t, n	Winterstarre J–M, O–D

Abkürzungen:

J   Jungenaufzucht
N   Nahrung
t, d, n   tag-, dämmerungs-, nachtaktiv
V   Versteck
WQ Winterquartier

🟧 Brutzeit
🟦 Winterschlaf
🟪 Winterstarre

Arbeitskalender für Garten und Gebäude

	Jan	Feb	Mär	Apr	Mai	Jun	Jul	Aug	Sep	Okt	Nov	Dez
Garten												
Vogelnistkästen reinigen (im März nur, falls sie im Herbst/Winter als Winterquartier genutzt wurden)			X					X	X			
Gehölze pflanzen und schneiden			X							X	X	
Naturteich anlegen			X	X	X	X	X	X	X	X		
Laub aus dem Teich entfernen										X	X	
Sumpfgraben anlegen			X	X	X	X	X	X	X	X		
Trockenmauer bauen			X	X	X	X	X	X	X	X		
Nisthilfen für Insekten anbringen			X	X								
Wiese einsäen				X	X				X			
Wildstauden pflanzen				X	X				X	X		
Reisighaufen als Winterquartier für Igel einrichten										X	X	
Magerwiese und Trockenrasen mähen (1–2mal im Jahr)						X			X			
Hummelnistkasten in die Erde eingraben	X	X	X									
Vogelnistkästen anbringen	X	X	X									
Laubhaufen als Winterquartier für Molche und Kröten anlegen										X	X	
Lehmwand als Nisthilfe für Insekten bauen				X	X	X	X	X	X			
Nistquirle in Büsche und Bäume binden				X	X							
Hausfassaden												
mehrjährige Kletterpflanzen pflanzen			X	X	X					X	X	
Vogelnistkästen reinigen (im März nur, falls sie im Herbst/Winter als Winterquartier genutzt wurden)			X					X	X			
Kletterpflanzen düngen (nach Bedarf)				X	X	X	X	X				
Nisthilfen für Insekten anbringen			X	X								
einjährige Kletterpflanzen pflanzen					X							
Vogelnistkästen anbringen	X	X	X							X	X	X
Spalierobst zurückschneiden			X	X								
Klettergerüst kontrollieren			X									
Dachstuhl												
Brut- und Nisthöhlen reinigen			X						X	X		
Sommerquartiere für Fledermäuse schaffen			X	X								
Holzschutz (ungiftig!) für Dachstuhl und Fassade auftragen			X	X								

Während der Brutzeit (März bis Juli) bzw. der Überwinterungszeit (Oktober bis März) sollten die Tiere nicht gestört werden!

Literatur und Adressen

Bezzel, E.: BLV-Handbuch Vögel. BLV, München 1995.

Burton, R.: Unsere gefiederten Nachbarn. SDK, Stuttgart 1991.

Dreyer, E. und W.: 100 Pflanzen. Franckh-Kosmos, Stuttgart 2001.

Fechter, R. und Falkner, G.: Weichtiere, Steinbachs Naturführer. Mosaik, München 1990.

Harde, K. W. und Severa, F.: Der Kosmos-Käferführer, Kosmos-Naturführer. Franckh-Kosmos, Stuttgart 1988.

Hintermeier, H. und M.: Bienen, Hummeln, Wespen im Garten und in der Landschaft. Obst- und Gartenbauverlag, München 1994.

Hofmann, H.: Tiere in Natur und Garten. Gräfe & Unzer, München 1993.

Jonsson, L.: Die Vögel Europas und des Mittelmeerraumes. Franckh-Kosmos, Stuttgart 1992.

Kreuter, Marie-Luise: Der Biogarten. BLV, München 2000.

Limbrunner, A., Bezzel, E., Richarz, K., Singer, D.: Enzyklopädie der Brutvögel Europas. Franckh-Kosmos, Stuttgart 2001.

Lohmann, M.: Naturinseln in Stadt und Dorf. BLV, München 1986.

Mebs, Th., Scherzinger, W.: Die Eulen Europas. Franckh-Kosmos, Stuttgart 2000.

Neumaier, M.: Das Igel-Praxisbuch. Franckh-Kosmos, Stuttgart 2001.

Nicolai, J.: Singvögel. Gräfe & Unzer, München 1991.

Nöllert, A. und Ch.: Die Amphibien Europas. Franckh-Kosmos, Stuttgart 1992.

Reichholf, J. H.: Siedlungsraum, Steinbachs Biotopführer. Mosaik, München 1989.

Richarz, K. und Limbrunner, A.: Fledermäuse. Franckh-Kosmos, Stuttgart 1992.

Richarz, K. und Limbrunner, A.: Tierspuren, Kosmos-Naturführer. Franckh-Kosmos, Stuttgart 1999.

Richarz, K. und Schulze, H.-H.: Tiere im Garten, Der neue Kinder-Kosmos. Franckh-Kosmos, Stuttgart 1994.

Ruckstuhl, Th.: Schmetterlinge und Raupen. Gräfe & Unzer, München 1994.

Schmid, U.: 100 Tiere. Franckh-Kosmos, Stuttgart 2001.

Schober, W. und Grimmberger, E.: Die Fledermäuse Europas, Kosmos-Naturführer. Franckh-Kosmos, Stuttgart 1998.

Schreiber, R. L. (Hrsg.): Tiere auf Wohnungssuche. Dt. Landwirtschaftsverlag, Berlin 1993.

Specht, R.: Unsere Vogelwelt im Jahreslauf. Franckh-Kosmos, Stuttgart 2001.

Steinbach, G., Bezzel. E. und Roché, J.C.: Greifvögel und Eulen. Franckh-Kosmos, Stuttgart 2001.

Steinbach, G., Podloucky, R. und Roché, J.C.: Froschkonzert am Gartenteich. Franckh-Kosmos, Stuttgart 2001.

Steinbach, G., Richarz, K. und Barataud, M.: Geheimnisvolle Fledermäuse. Franckh-Kosmos, Stuttgart 2000.

Straaß, V.: Natur erleben das ganze Jahr. BLV, München 1997.

Witt, R.: Naturoase Wildgarten. BLV, München 1995.

Zahradnik, J.: Der Kosmos-Insektenführer, Kosmos-Naturführer. Franckh-Kosmos, Stuttgart 1989.

Deutschland

NABU – Naturschutzbund Deutschland
Herbert-Rabius-Str. 26
53225 Bonn
Tel.: 0228/4036-0
Fax: 0228/4036-200

BUND – Bund für Umwelt und Naturschutz Deutschland e.V.
Am Köllnischen Park 1
10179 Berlin

Deutscher Jugendbund für Naturbeobachtung (DJN)
Justus-Strandes-Weg 14
22337 Hamburg

Deutscher Naturschutzring (DNR)
Am Michaelshof 8-10
53177 Bonn

Deutsche Umwelthilfe (DUH)
Güttinger Str. 19
78315 Radolfzell

Landesbund für Vogelschutz in Bayern (LBV)
Eisvogelweg 1
91161 Hilpoltstein

Naturgarten e.V.
Postfach 401362
80713 München

Stiftung Europäisches Naturerbe
Konstanzer Str. 22
78315 Radolfzell

Umweltstiftung WWF Deutschland
Rebstöcker Str. 55
60326 Frankfurt/Main

Österreich

Birdlife Österreich, Gesellschaft für Vogelkunde
c/o Naturhistorisches Museum
Museumsplatz 1/10/8
A-1070 Wien

Schweiz

Schweizer Bund für Naturschutz (SBN)
Wartenbergstr. 22
CH-4050 Basel

Schweizer Vogelschutz (SVS)
Postfach
CH-8036 Zürich

REGISTER

Die **halbfett** gesetzten Seitenzahlen weisen auf Abbildungen hin.

Abendsegler, Großer **25**, 44, 78
Ackerhummel **61**, 94
Ackerschnecke 33
Admiral 70, **98**, 133
Äskulapnatter 56
Ameisen **32**, 96 f.
Ameisenjungfer 85, **86**
Ameisenlöwe 84 f., **86**
Amphibien 14, 24, 44, 54, 140 f.
Amsel 17, 20 f., **20**, **21**, 44, 54, **55**, 90, 98, **99**, 108, 133
–, (Teil-)Albino 21
Apfelbaum 98
Apfelwickler 114, 142
Aspisviper 56
Asseln 38, 87, 90, 98
Augenfleck 64
Aurorafalter 70

Bachstelze **19**
Bär, Brauner **78**
Bärtierchen 38
Bakterien 38
Balz 16 ff., 106
Balzfütterung **16**
Bauerngarten 6 f., **7**, 11
Baumläufer 8
Baumschläfer 122
Baumwanze, Rotbeinige **31**, 32
Bechsteinfledermaus 78, **78**, **79**
Beerenwanze **33**, **59**
Bergeidechse 56
Bergfink 130, **131**
Bergmolch 14, 53
Bettwanze 32, 84
Bienen 98
Bienenfresser 64
Bienenwolf 63, **97**
Bilche 8, 23, 26, 114, 122 f.
Bilchlage 123, **123**
Birkenspanner **44**
–, Raupe **44**
Birkenzeisig 127, **134**, 140
Bläuling, Hauhechel- **70**
Blattkäfer 62
Blattläuse 30, **30**, **31**, 32, 37, **37**, 60, 90, 97
Blattlauslöwe 36 f., **37**
Blattschneiderbienen 98
Blattwanzen 90
Blaumeise **13**, 18, 22 f., 29, **29**, 98, **125**, 135
Blindschleiche 54, **55**, 56
Blüten 58 ff.
Blütenbesucher 58 ff., 109
Blumenwiese **30**
Bluthänfling **114**
Bockkäfer 62
–, Larve 98
Boden, Leben im 38 f.
Bodenbakterien 40
Borkenkäfer, Larve 98
Braunfrösche 52
Breitflügelfledermaus **45**, 78
Brennessel 72

Brotkäfer 84
Buchfink 18, 106, 130
Buntspecht 26, **101**, 128, 133

C-Falter 70
Christrose **15**
Clematis 90

Distelfink 90, **104**, 114, **115**
Dompfaff 108
Drahtwürmer 38
Drohne 95 f.
Drosseln 128

Echoortung 78
Efeu 90
Eichelhäher 121, **121**
Eichenschrecken 77
Eichhörnchen 23, 26, **26**, 48, 106, **107**, **115**, **120**, 120 f., 128, **135**, **139**, 140
Eidechsen 45
Eisvogel 132, **133**
Elster 26, **27**
Enten 106
Erdkröte 14, 16, **17**, 18 f., 98, 142
Erdläufer, Gemeiner 38
Erdwespen 87
Erlenzeisig **130**, 134
Eule, Gamma- 70
Eulen (Falter) 70
Eulen (Vögel) 44, 74 ff., 126
Exuvie 45

Fasan 138
Federwechsel 106 f.
Feldgarten 10
Feldgrille 76, **93**
Feldhamster 118 f., **119**
Feldhase 34, **35**, 128
Feldmaus 23, 144 f., **145**
Feldsperling 23
Feldspitzmaus 110, **111**
Feuerwanze **33**, 33
Finken 128
Fische 128
Fledermäuse 23, 44, 78 ff., 127, 140 f.
Fliegen 98
–, Larven 38
Fliegenspießwespe 86
Florfliege 36 f., **36**, **37**, 105, 127, 143
Forsythie 14
Fraßspuren 128 f.
Frostspanner 142 f.
Fröschen 17
Fuchs, Großer 70
Fuchs, Kleiner **15**, 70, 72 f., **72**, **73**, 127, 143
–, Raupe **72**
–, Stürzpuppe **73**
Futterhaus **126**, 134
Futterplatz 134
Futterstreit **130**

Gabelschwanz, Raupe **65**
Garten, Nutzung 10
Gartenameise 8
Gartenbänderschnecke **8**
Gartenbaumläufer 8, **8**, **141**
Gartengeschichte 6 f.
Gartengrasmücke 8, 133

Gartenhummel 8, **9**, **94**, 94 ff.
Gartenkreuzspinne 8, **9**, 90, **90**
Gartenlaubkäfer 8, **9**
Gartenlaufkäfer 8
Gartenrotschwanz 8, **9**, 133
Gartenschläfer 8, **9**, 122, **123**
Gartenschnirkelschnecke 8
Gartenspitzmaus 8, **9**
Gartenteich **46**, 46 ff., 52 f., 132
Gefiederpflege 46 f., **47**
Gehäuseschnecken 109
Geißblatt 90
Gelbhalsmaus 23, 111, 119, **119**, 144, 145
Gelbrandkäfer 50, **51**
Gelbspötter 108
Gewölle 126
Gimpel **22**, 48, **108**, 134
Girlitz 108
Gleichwarme 140
Glühwürmchen 17, 45, 74
Goldafter **69**
Goldammer 109
Goldhähnchen **135**
Goldlaufkäfer 39
Gottesanbeterin 60
Grabwespen 86 f.
Grasfrosch **14**, **41**, 52, **52**, **53**, 142
–, Kaulquappe 52, **53**
Grasglucke **76**
Grasmücke 108
Grauschnäpper **22**, **84**, 90
Greifvögel 109, 126
Grillen 18, 44
Großlibelle 45
–, Larve 25
Grünfrösche 52
Grünling 90, **103**, 108, **127**, 134
Grünspecht 98 f.

Haarwechsel 106 f.
Habicht 136
Häher 128
Hämoglobin 51
Hänfling 108
Hagebutte **126**
Haselmaus 23, **122**, 122, **123**, 128
–, Nest **105**
Haselnußbohrer **32**
–, Larve 114
Hausbegrünung 90 f.
Hausbockkäfer 84
Hausfledermaus 84
Hausgarten 10
Hauskatze 26, **27**, **145**
Hausmarder 84
Hausmaus 84, **85**, 111
Hausratte 84
Hausrotschwanz 15, 17 f., 84, **85**, 90, **91**, 106, 133
Hausspatz 46, **47**, 48, 86 f.
Haussperling 14, 46, **47**, 84, 86 f., **87**, 90, **110**, 133
Hausspinne 84
Hausspitzmaus 84, **85**, 110
Hecheln 54
Hecke 104, 108 ff., **139**
Heckenbraunelle 109

Hermelin 106, **107**, 111
Heupferd, Grünes **18**, 76, 92 f., **92**, **93**
Heuschrecken 17 f., 44, 76 f.
Hochzeitsflug 67, 96
Honigbiene **60**, 60 f., 94
Honigtau 97
Hornisse 66 f., **66**, **67**, 143
Hornissenschwärmer 64, **64**
Hornmilben 38
Hummeln 60 f., 90, 94, 98
Hummelschwärmer **58**, 90
Humus 40

Igel 44, 98, **99**, 105, 112 f., **112**, **113**, 118, **119**, 138, 140, 143
Insekten 24, 64, 87, 109
–, solitäre 94 ff.
–, Larven 38
Insektenfresser 8
Insektenstaaten 94 ff.

Johanniswürmchen 74
Jungenaufzucht 22 ff.

Käfer 38, 62 f., 90, 98, 128
–, Larven 38
Käuze 44, 74 ff.
Kammolch 53
Kaninchen 23
Kartoffelkäfer **31**, 31 f.
–, Larve 31
Kellerassel 84
Kernbeißer 90, 135, **135**, 138
Kirschbaum **105**
Kleiber 16, **55**, 98, **129**, 138
Kleiberschmiede **129**
Kleidermotte 84
Kleinlibelle 19, 45
–, Larve 25
Kleinsäuger 23, 98, 110
Klostergarten **7**
Knarrschrecken 76
Knotenameise **95**
Königslibelle, Große **49**
Kohlmeise 17, 22 f., **28**, 28 f., **29**, 90, 134 f.
Kohlweißling 70, 142
–, Großer **71**
–, Gürtelpuppe **71**
–, Raupe **70**
Kolibri 58, 89
Komplexauge 49
Kompostenhaufen 38, **39**
Kornmotte 84
Krabbenspinne 60, 63, **65**
–, Veränderliche **62**
Kreuzotter 56
Kreuzschnabel 127 f.
Kreuzspinne 24
–, Vierfleck- **91**
Kuckucksbienen 61, 97
Kuckuckswespen 97
Küchenschabe 84
Kunigundenkraut 68
Kurzfühlerschrecken 92
Kurzstreckenzieher 133

Labkraut 60
Landkärtchen **107**
Langfühlerschrecken 92 f.
Langohr 78, 140
–, Braunes **79**, 142

Langschwanzmäuse 111, 145
Langstreckenzieher 133
Laufkäfer 32
Lebensbaum 108 f.
Leberblümchen 14
Lehmwespe **97**
Lerchensporn 14
Lesesteinmauer **139**
Leuchtkäfer 74
–, Großer **45**, 74
–, Kleiner **75**
Libellen 45, 48 f., **55**
Licht, biologisches 74
Ligusterschwärmer 58, **77**
Löcherbienen 98
Luziferase 74
Luziferin 74

Märzenbecher 14
Mäuse, Echte 110 f., 128, 144 f.
Marder 44
Marienkäfer 30, 126, 143
–, Larve **31**
–, Siebenpunkt- **30**, 140
Maskenbienen 98
Mauerbiene, Natternkopf- 62
Mauerbienen 98
Mauereidechse 56
Mauersegler 44, 84, **88**, 88 f., 130
Maulwurf 23, 40 f., **40**, **41**, 118, **118**
Maulwurfsgrille **40**, 76
Mauser 106 f.
Mausohr 140
Mauswiesel **110**, 111
Mehlkäfer 84
Mehlschwalbe 88 f., **89**, 131
Meisen 28 f., 98, 130, 138
Metamorphose 72 f.
Milben 38
Mimikry 64 f.
Misteldrossel 90, 133
Mönchsgrasmücke 106, 138
Molche 19
Mondvogel **65**
Moorfrosch 52
Moosmilben 98
Moschusbock 63
Murmeltier 140
Myxomatose 35

Nachtfalter 69 f., 77 f.
Nachtigall 17, 74, 133
Nachtpfauenauge, Kleines **65**
Nachtschwalbenschwanz 90
Nacktschnecken 33, **33**
Nagetiere 118
Nahrungsquellen 138 f.
Naturgarten 10
Nesträuber 26 f.
Netzflügler 36, 85
Nierenfleck **71**

Obstbäume 98 ff.
Ohrwurm **24**, 24 f., 99 f.
–, Gemeiner 100, **101**
Oleanderschwärmer 58, **77**
Oxyluziferin 74

Paarungsrad **19**
Pappel 69
–, Hybrid- **68**
Pelzkäfer 84

Perlstar **106**, 116
Pfaffenhütchen 138
Pflaumenfalter 71
Pheromon, Alarm- 32
Pilze 38
Pinselkäfer 63, **63**
Pochkäfer, Larve 98
Pollenhöschen 61
Posthornschnecke **50**, 51
Prachtkäfer, Larve 98
Pseudoskorpion 38

Rabenkrähe 26
Rammler 35
Rauchschwalbe 15, **88**, 88 f., 130
Rauhhautfledermaus 140
Regenwurm 38, 40 f., **41**, 87
Reisighaufen **139**
Reptilien 24, 54, 111, 140 f.
Ringelnatter **49**, 56
Ringeltaube 90
Rötelmaus 111, 128, 138, 145
Rosen **6**
Rosenkäfer 63, **63**
Rotdrossel 130
Rotfuchs 114, **132**, 132 f.
Rotkehlchen 16, 90, **108**, **131**, 133, 138
Rundtanz 61

Saatkrähe **131**
Säugetiere 23, 54, 106, 111, 118, 128, 140
Sandbiene **59**
–, Zaunrüben- 62
Sanddorn 138
Sandknotenwespe 87
Sandotter 56
Sandwespe **84**, 85 f.
Scharbockskraut 14
Scherenbienen 98
Schermaus 128, **145**
Schillerfalter, Kleiner 68 f.

Schimmelkäfer 84
Schläfer 122 f., 140
Schlehe, Früchte **104**
Schleiereule **75**, 76, 127, **127**
Schlingknöterich 90
Schlingnatter 56 f.
Schlupfwespen 111
Schmalbock 62
Schmetterlinge 15, 17, 68 ff., 90, 98, 104, 126
–, Raupen 109, 128
Schmetterlingsflieder 68
Schnecken 38, 87, 98, 128
Schneeball, Gemeiner 138
–, Wolliger 138
Schneefloh 126
Schneeglöckchen 14
Schnurfüßer 38
Schwalben 44, 49
Schwalbenschwanz **43**, 45, **55**, **68**, 71
–, Nacht- 90
–, Raupe 30
Schwänzeltanz 61
Schwärmer 58
Schwebfliegen 60, **63**, 64, 90
Schweißdrüse 54
Schwertlilie, Gelbe **44**
Seidelbast 14
Seidenschwanz 90, 127, **131**, 138
Siebenschläfer **25**, **105**, 122 f., **123**, 128, 138, 143
Singdrossel 22, 130, 133, 138
Singdrosselschmiede **129**
Singvögel 17, 26, 89, 106, 127
Smaragdeidechse 56
Sonnenbad 54, **55**
Specht 98, 128
Spechtschmiede 128, **129**
Speckkäfer 84
Sperber 136 f., **136**, **137**

Sperberung 136
Spinnen 87, 90, 109
Spitzhornschnecke **50**
Spitzmäuse 23, 110
Springfrosch 52
Springschwänze 38, 126
Spuren 126
Stachelbeerspanner **69**
Standvogel 99, 133
Star **17**, 18, **23**, 64, 90, 98, **107**, 116 f., **116**, **117**, 130, **130**
Staubbad **47**, 48
Stechmücke **49**
–, Larve **49**
–, Puppe **49**
Stechmücke, Gemeine 50 f.
Steinhummel **61**
Steinkauz **75**, 75 f., **99**, 100 f.
Steinmarder **27**, 82 f., **82**, **83**, 114, 118, **119**, **120**
Stelzmücke 143
Stieglitz 114
Stinkwanze, Grüne 33
Streckfuß, Raupe **69**
Streupunkt 71
Strichvogel 99
Stubenfliege 84
Stürzpuppe 72
Sumpfmeise **28**, 135
Sumpfschildkröte 56
Superpositionsauge 59

Tagfalter 69 ff.
Tagpfauenauge **54**, 64, 70, 126, 143, **143**
Tannenmeise 29, 135
Taubenschwanz 58 ff., **59**
–, Raupe 58
Tausendfüßer 38, **39**, 87
Teichläufer 49
Teichmolch 14, 53, **53**
–, Larve 53
Teilzieher 114, 133
Thujahecke 108 f.

Totengräber **39**
Totenkopfschwärmer 58, **77**
Trachee 50
Trauermantel 70
Trockenmauer **139**
Türkentaube 138

Überwinterung 140 ff.
Ultraschall 78
Unterschlüpfe **142**

Verdunstungskälte 54
Verstecke 138 f.
Vipernatter 56
Vögel 19, 22, 45 ff., 54, 90, 98, 105, 111, 114, 126, 128, 138, 140
Vorratssammler 118 ff.

Wacholderdrossel 22, **101**, **115**, 130
Waldkauz **45**, 75 f., 127, 130 f.
Waldmaus 111, 119, 128, 145
Waldohreule 130 f., **133**
Waldrebe 90
Waldspitzmaus 111
Wanzen 32 f.
Wasserfrosch 52
–, Kleiner **17**
Wasserläufer, Gemeiner 49
Wasserwanzen 49
Weberknecht 87, **91**
Wegameise 95
–, Schwarze, Eier **95**
Wegschnecke, Garten- 33
–, Große 33
Weichkäfer 62 f.
Weidenmeise 135
Wein, Wilder 90, **91**
Weinschwärmer, Mittlerer **68**, 90

–, Raupe **68**
Weißling **19**, 70 f.
Wendehals 98, **100**
Wespe **96**, 97 f., **115**, 143
–, Deutsche **101**
–, Mittlere **96**
Wespenschwebfliege, Kurze **10**
Wiesenameise, Gelbe **95**
Wiesenameisen 98
Wiesenhummel **24**
Wiesenotter 56
Wildbienen **61**, 61 f., 90, 97 f.
Wildkaninchen 34 f., **34**, **35**, 128
Windröschen, Busch- 14
Winterfütterung 126, 134 f., **134**, **135**
Winterling 14, **15**
Wintermücke 143
Winterschlaf 140 f.
Wirbellose 140
Wühlmäuse 111, 128, 144 f.
–, Renngänge **145**
Würfelnatter 56

Zaun 6, **6**
Zauneidechse 54, 56 f., **56**, **57**
Zaungrasmücke 110
Zaunkönig **14**, 18, **22**, 23, 90, **91**, 133, 138
Ziergarten 10, **10**
Zipfelfalter 71
Zirpen 76 f.
Zitronenfalter **69**, 69 f., **140**, 142
Zornnatter, Gelbgrüne 56
Zugvögel 15, 104, 130
Zwergfledermaus 78, 80 f., **80**, **81**, 140
Zwergmaus 23
Zwergrückenschwimmer **51**
Zwitscherschrecke 76, **76**